冰雪旅游发展论

BINGXUE LÜYOU FAZHANLUN

韩元军 著

中国财经出版传媒集团

经济科学出版社

Economic Science Press

图书在版编目（CIP）数据

冰雪旅游发展论／韩元军著．－－北京：经济科学
出版社，2023.4
ISBN 978 - 7 - 5218 - 4723 - 9

Ⅰ．①冰…　Ⅱ．①韩…　Ⅲ．①冬季 - 旅游业发展 - 研
究 - 中国　Ⅳ．①F592.3

中国国家版本馆 CIP 数据核字（2023）第 071505 号

责任编辑：张　蕾
责任校对：徐　昕
责任印制：邱　天

冰雪旅游发展论

韩元军　著

经济科学出版社出版、发行　新华书店经销
社址：北京市海淀区阜成路甲 28 号　邮编：100142
编辑工作室电话：010 - 88191375　发行部电话：010 - 88191522
网址：www.esp.com.cn
电子邮箱：esp@esp.com.cn
天猫网店：经济科学出版社旗舰店
网址：http://jjkxcbs.tmall.com
固安华明印业有限公司印装
710×1000　16 开　13.5 印张　250000 字
2023 年 5 月第 1 版　2023 年 5 月第 1 次印刷
ISBN 978 - 7 - 5218 - 4723 - 9　定价：95.00 元
（图书出现印装问题，本社负责调换。电话：010 - 88191545）
（版权所有　侵权必究　打击盗版　举报热线：010 - 88191661
QQ：2242791300　营销中心电话：010 - 88191537
电子邮箱：dbts@esp.com.cn）

前　言

　　如果说 2015 年北京冬奥会成功申办为大众广泛参与冰雪制定了"三亿人上冰雪"的奋斗目标，那么 2016 年习近平总书记提出"冰天雪地也是金山银山"的理念则为全国冰雪旅游高质量发展吹响了冲锋号。从此，冰雪旅游全面融入国家战略，特别是 2019 年 3 月，中共办公厅、国务院办公厅印发了《关于以 2022 年北京冬奥会为契机大力发展冰雪运动的意见》，提出"加快发展冰雪休闲产业，推动冰雪旅游产业发展，促进冰雪产业和其他产业深度融合"，加速冰雪旅游产业转型升级。2021 年 2 月，文化和旅游部、国家发展改革委、国家体育总局联合印发《冰雪旅游发展行动计划（2021—2023年)》，强力推动冰雪旅游产业高质量发展。2022 年北京冬奥会成功举办以后，国际奥委会主席巴赫认为，中国为全球冰雪运动开启了新时代。

　　2015～2022 年北京冬奥会申办成功的 8 年见证了冰雪旅游产业全面升级。冰雪旅游实现了从 0 到 1、从北到南、从小到大、从规模到品质、从小众竞技运动到大众时尚生活方式、从冷资源到热经济的升级。冰雪旅游产业的快速发展，跃动着经济社会发展的脉搏，讲述着千家万户的美好生活故事，向世界描绘着美丽中国的风景。2023 年进入后北京冬奥时代，冰雪旅游已经进入内生增长的黄金发展期，冰雪旅游将作为冰雪经济的引擎产业不断发展壮大。

　　冰雪旅游"向内而生"，"三亿人上冰雪"从愿景变为现实。数字就是最好的证明，尽管受疫情影响，但是在北京冬奥会、冰雪出境旅游回流、旅游消费升级以及冰雪设施全国布局等供需两方面刺激下，全国冰雪休闲旅游人

— 1 —

数从 2016~2017 年冰雪季的 1.7 亿人次增加至 2020~2021 年冰雪季的 2.54 亿人次，2021~2022 年冰雪季我国冰雪休闲旅游人数达到 3.44 亿人次，我国冰雪休闲旅游收入达到 4740 亿元。

从美丽风景到美好生活，北京冬奥会激发了人们对冰雪旅游的刚性生活需要。中国旅游研究院 2021~2022 年冰雪季冰雪旅游专项调查显示，被调查者中，有 90.1% 的老百姓曾经以不同形式体验过冰雪旅游，每年有 63.3% 的人体验过 1~2 次的冰雪旅游，有 24.8% 的人体验过 3~4 次，这说明我国正在从冰雪旅游体验阶段进入冰雪旅游刚性生活需求阶段。2022 年北京冬奥会成功举办极大地激发了人们的冰雪旅游热情，调查显示，71.7% 的游客在北京冬奥会激励下不改变或者增加冰雪旅游的消费，有 68.4% 的游客受北京冬奥会影响增加了冰雪旅游的次数。

冰雪旅游市场出现结构性调整，冰雪观光和滑雪休闲度假并重成为市场结构调整的重要特征和趋势。2021~2022 年冰雪季专项调查显示，在远、近目的地的选择上，42.3% 的游客倾向于选择近距离冰雪旅游目的地，36% 的游客倾向于选择远距离冰雪旅游目的地，17.8% 的游客表示会体验远、近两类冰雪旅游目的地。服务自助化成为游客在冰雪旅游中的重要倾向，65.2% 的游客希望全自助办理、非接触式服务完成冰雪旅游项目。

冰雪旅游投资依然火热，但是更加理性，正从单纯的规模扩张向提质扩容的内涵式发展转变。在重大项目领域，2018~2020 年，冰雪旅游重资产项目的总投资规模近 9000 亿元，2021 年新增重资产项目投资总额约 900 亿元。在交通基础投资专项方面，我国 2016 年以来建成的（含少量 2016 年前立项的和当前在建的项目）冰雪旅游交通项目共计 128 个，投资总额达到 2.47 万亿元。

我国冰雪旅游重构了"三足鼎立、两带崛起、全面开花"的空间新格局。冰雪旅游空间新格局是在疫情防控常态化下形成的，既有冰雪设施和产品供给方面的因素，更有市场驱动的需求方面的因素。"三足鼎立"就是东北地区、京津冀、新疆三个区域。其中，东北地区蕴含着 2025 年"十四五"

末期 3 亿冰雪旅游人次、5000 亿元收入的超大规模消费的冰雪旅游市场潜力；京津冀地区蕴含着 2025 年"十四五"末期 1 亿冰雪旅游人次、2500 亿元收入的超强消费的冰雪旅游市场潜力；新疆地区蕴含着 2025 年"十四五"末期 1 亿冰雪旅游人次、2000 亿元收入的超快发展的冰雪旅游市场潜力。"两带崛起"是指西藏、青海为代表的青藏高原冰雪观光旅游带和以四川、贵州、湖北为代表的中西部冰雪休闲旅游带，这两带均蕴含着"十四五"末期实现 5000 万冰雪旅游人次、1000 亿元收入的巨大市场潜力。

冰雪风景吸引人，冰雪故事感动人。2022 年北京冬奥会已成功举办，我们向世界展示了中国冰雪旅游的美丽风景，展示了重要冰雪旅游城市、乡村、景区完善的商业设施、特色美食、风土人情、传统冰雪文化和时尚冰雪文化；向世界讲述了"冰天雪地也是金山银山""三亿人上冰雪"的旅游故事，讲述了因冰雪旅游而实现乡村脱贫、中国冰雪旅游与世界广泛交流合作、中国游客盼望出境冰雪旅游的故事。

中国冰雪深度融入了世界，世界需要中国冰雪。未来，我国冰雪旅游要实现高质量发展，必须朝着大众化、品质化、现代化、可持续化方向发展，积极推进世界级的大国现代冰雪旅游产业体系建设，为早日实现冰雪强国梦不懈奋斗。

目 录
Contents

第一章

"冰天雪地也是金山银山"的理论内涵、时代价值与科学指引

2016年3月，习近平总书记在参加全国两会黑龙江代表团讨论时指出，"冰天雪地也是金山银山"①，这一论断极大地提升了人们对冰雪特殊生态资源的认识，开启了我国冰雪经济波澜壮阔的新篇章。2020年是我国"两个一百年"奋斗目标的历史交汇期，深刻领会"冰天雪地也是金山银山"的理论内涵对引领国家战略方向、实现北京冬奥会"三亿人上冰雪"目标、推动区域经济转型升级等具有重要的时代价值，"冰天雪地也是金山银山"理念已经成为我国冰雪经济实现高质量发展的行动纲领和科学指南。

一、"冰天雪地也是金山银山"的理论内涵

理论指导着实践，实践丰富着理论。"冰天雪地也是金山银山"理念高度概括了以习近平同志为核心的党中央团结和带领全国人民追求美好生活过程中获得的宝贵经验。"冰天雪地也是金山银山"理念体现了构建人与自然生命共同体的生态观、以新发展理念为引领的发展观、以人民为中心的资源观、不同国家和不同民族交流互鉴的文明观。

（一）"冰天雪地也是金山银山"体现了构建人与自然生命共同体的生态观

生态兴则文明兴，生态衰则文明衰，人与自然的辩证关系是人类发展的

---

① 霍小光. 习近平参加黑龙江代表团审议：冰天雪地也是金山银山［EB/OL］. http://cpc. people. com. cn/n1/2016/0307/c64094 - 28178832. html.

永恒主题。进入后工业化时代，人类需要共同寻找全球将向何处去的答案。习近平总书记指出，自然是生态之母，人与自然是生命共同体，人类必须敬畏自然、尊重自然、顺应自然、保护自然。① 良好的生态环境是人类生存发展的根本依托。如果没有绿水青山、没有冰天雪地，也就没有金山银山。只有保护好"绿水青山、冰天雪地"的良好生态环境，才能改善人类的生产力，才能创造更多的财富。

体现中国特色生态文明理论的思想内涵。生态文明理论是习近平总书记新时代中国特色社会主义思想的重要组成部分，"冰天雪地也是金山银山"发展理念就是习近平总书记"两山理论"的延伸以及生态文明建设理论的具体体现。习近平总书记指出，要像保护眼睛一样保护生态环境，像对待生命一样对待生态环境。② 党的十八大将生态文明建设纳入"五位一体"的中国特色社会主义总体布局，要求"把生态文明建设放在突出地位，融入经济建设、政治建设、文化建设、社会建设各方面和全过程"，在"四位一体"的基础上，增添了生态文明建设，五个方面相互促进、协调统一。

用最严格的生态环境保护制度保护好冰天雪地的生态环境。保护好冰天雪地生态宝库，就要改变生产方式、生活方式和思维方式，用制度和法律为生态文明建设做好保障。冰天雪地的生态文明建设同样涉及国土空间开发保护制度、空间规划体系、资源总量管理和全面节约制度、资源有偿使用和生态补偿制度、环境治理体系、环境保护和生态保护的市场体系、生态文明绩效考核评价考核和责任追究制度等，用最严的制度为寒冷的资源宝库保驾护航。要注意发挥领导干部在生态环境保护中的主体责任，将生态保护落到实处。

---

① 中共中央宣传部. 习近平新时代中国特色社会主义思想学习纲要［M］. 北京：学习出版社，人民出版社，2019：167.

② 中共中央宣传部. 习近平新时代中国特色社会主义思想学习纲要［M］. 北京：学习出版社，人民出版社，2019：169.

（二）"冰天雪地也是金山银山"体现了以新发展理念为引领的发展观

发展理念是发展行动的先导，发展理念决定了发展成效。当前，我国已进入全面建成小康社会和"十四五"规划时期，全国还有很多地方和老百姓没有脱贫，特别是冰天雪地地区贫困人口相对聚集，改革创新难度和脱贫攻坚压力较大。要想实现冰天雪地地区经济社会跨越式发展，必须要将创新、协调、绿色、开放、共享的新发展理念作为指挥棒，充分利用好冰天雪地的自然资源优势，创新发展冰雪旅游、冰雪文化、冰雪运动、冰雪制造等特色产业，用产业发展解决地区经济转型升级和人民脱贫致富的问题。

改善生态环境就是发展了生产力，美丽中国建设需要冰天雪地。2013年5月，习近平总书记在主持中央政治局第6次集体学习时指出，要正确处理好经济发展同保护生态环境的关系，牢固树立保护生态环境就是保护生产力、改善生态环境就是发展生产力的理念。[①]"冰天雪地也是金山银山"阐释了经济发展与生态保护的关系，经济发展与生态保护是辩证统一的，不是矛盾体。冰天雪地的良好生态环境蕴含了巨大的经济价值，只有保护好冰天雪地的生态环境才能产生巨大的生产力。

消费升级给予冰雪资源一流地区跨越式发展的战略契机。欧美冰雪经济发达地区的经验表明，用一流管理和服务利用好一流冰雪资源就会对经济社会产生巨大的综合带动作用。在21世纪新的历史起点上，冰雪资源禀赋发达地区要走出一条冰雪经济特色发展之路，需要用新发展理念去探索属于自己的冰雪产业崛起和生态保护相得益彰的和谐之路。当然，这条路不是一帆风顺的，特别是当前我国冰雪资源丰富地区面临着"一流资源，二流管理，三流服务"的客观现实，要把握好消费升级给冰雪经济带来的巨大商机，就要将美丽风景的打造和美好生活的营造放在同等重要的位置，让游客既欣赏到

---

① 董峻，王立彬，高敬等. 开创生态文明新局面——党的十八大以来以习近平同志为核心的党中央引领生态文明建设纪实［EB/OL］. http：//www.gov.cn/xinwen/2017－10/10/content_5230777.htm.

美丽的风景，又感受到深厚的民俗文化、人性化的商业设施带来的便利，冰雪资源丰富的地区只有坚持新发展理念才能实现经济社会可持续发展。

（三）"冰天雪地也是金山银山"体现了以人民为中心的资源观

"冰天雪地也是金山银山"理念深刻体现了以习近平同志为核心的党中央始终坚持人民主体地位，把人民对美好生活的向往作为自己奋斗目标的价值取向。中国共产党始终以增进福祉作为根本遵循，不断提升老百姓的幸福感、获得感和满意度。我国利用超大规模市场优势逐渐实现在工业品全球价值链顶端的产品种类越来越多，我国企业对于工业品和零部件的耐寒性、可靠性等品质要求越来越高，冰天雪地的自然环境为我国为人类创造更优质先进产品提供了生产、试验场所。同时，随着大众旅游时代来临，以前寒冷的冰雪是中国老百姓抗拒、抵御的冷资源，现在却成为稀缺的旅游吸引物，东北三省、京津冀等地区充分挖掘冰雪资源的旅游休闲潜力，开发了冰雪主题公园、滑雪度假区、冰雪小镇、冰雪民俗村等多元化产品，冰雪冷资源正在成为满足人民群众对于美好旅游体验需要的热经济。

冰雪资源是一种具有巨大潜力的生产型资源，它是能够满足生产性企业研发、生产、测试等需要的战略性资源。习近平总书记指出，"大力发展寒地冰雪经济"[①]，就是发现了冰雪资源蕴含了巨大的价值潜能，发现了我国要引领世界工业制造可以依靠的天然资源。习近平总书记的重要指示指明了寒地冰雪资源丰富地区的巨大商业价值，指明了冰雪产业要走现代化发展的路子，通过发展寒地耐寒品生产和国产大型飞机、新能源汽车测试、工业品关键零部件测试等工业为代表的现代冰雪经济，可以为实现《中国制造2025》确定的世界制造强国战略提供战略支撑，实现地方经济增长与生态环境保护协调发展。

冰雪资源是一种具有巨大市场的生活消费型资源，它可以满足老百姓对

---

① 高峰. 白雪换白银——吉林省政协建言冰雪经济高质量发展［EB/OL］. http：//www. cppcc. gov. cn/zxww/2021/08/09/ARTI1628474201626186. shtml.

美好生活向往的需要。我国冰雪资源丰富，面向消费者的冰雪经济具有关联产业多、产业链长、综合带动作用强等特点，冰雪旅游、冰雪机械制造、冰雪穿戴装备、冰雪文化、冰雪康养、冰雪房地产等业态联系密切、相互促进。国际经验的研究显示，人均 GDP 超过 0.8 万美元之后，滑雪人口开始高速增长，人均 GDP 达到 1 万美元之后，滑雪人口的增长将步入爆发期，高速增长期将维持 10 年以上，要利用好冰雪旅游资源就要根据地区实际和大众旅游消费能力特征，适时制定符合国家和地方禀赋特点的冰雪产业发展战略。

（四）"冰天雪地也是金山银山"体现了不同国家、不同民族交流互鉴的文明观

目前，冰雪运动、冰雪旅游等已是全球性的活动，瑞士劳伦特·凡奈特最新的《全球滑雪市场报告》显示，当前全球约有 1.3 亿滑雪爱好者，每年有 4 亿人次的滑雪规模，滑雪旅游是不同文明交流互鉴的重要方式。2022 年中国成功举办了北京冬奥会，并且创造了属于自己的"胸怀大局、自信开放、迎难而上、追求卓越、共创未来"北京冬奥精神，北京冬奥精神与其他 23 届冬奥会创造的文化、精神具有良好的包容性、互鉴性，是不同国家、不同民族文明交流的重要内容。

从世界政治格局与民族性格联系的角度看，在世界发展史上处于领导地位的国家往往处于山地、降雪等地区，敢于战胜寒冷、勇于攀登高山、征服自然等性格塑造了不同国家、不同民族勇敢进取、勇于创新的精神特征，不同的文明形成了共同的价值追求。习近平总书记在会见巴赫时指出，我并不在意这一次中国运动员拿几块金牌奖牌，我更在意它给我们今后注入的动力和活力。① 国际奥委会主席巴赫认为，2022 年北京冬奥会成功举办，将从此开启一个全球冰雪运动的新时代。② 中国冰雪融入世界，年轻人通过冰雪运

---

① 习近平：与金牌奖牌相比 我更在意冬奥会为中国注入的动力和活力 ［EB/OL］. http://www. chinanews. com. cn/qn/shipin/2022/01－26/news914663. shtml.

② 慈鑫. 北京冬奥一周年，巴赫高度评价"开启全球冰雪运动新时代"［EB/OL］. http://news. youth. cn/gj/202302/t20230204_14298273. htm.

动可以弘扬全人类共同价值"和平、发展、公平、正义、民主、自由",这些价值通过冰雪经济得以生根发芽,不同国家、不同民族共建人类命运共同体。

二、"冰天雪地也是金山银山"的时代价值

(一)引领国家战略发展方向

"冰天雪地也是金山银山"理念引导国家大力保护生态环境。通过发展冰雪旅游、冰雪运动、冰雪文化等资源节约型产业形成巨大的生态红利,促进人与环境和谐相处。在新理念引领下,2019年3月31日,中共中央办公厅、国务院办公厅印发的《关于以2022年北京冬奥会为契机大力发展冰雪运动的意见》提出,"冰雪产业蓬勃发展,产业规模明显扩大,结构不断优化,产业链日益完备"的产业目标。国务院办公厅《关于促进全民健身和体育消费推动体育产业高质量发展的意见》提出,"支持新疆、内蒙古、东北三省等地区大力发展寒地冰雪经济"。

(二)实现了人民群众对美好生活的追求

"冰天雪地也是金山银山"理念推动我国不断完善冰雪运动、冰雪旅游等基础设施建设,丰富冰雪产品,满足人民群众对美好生活的追求。以冰雪旅游为例,文化和旅游部数据中心发布的《中国冰雪旅游发展报告2020》显示,2018~2019年冰雪季我国冰雪旅游人数为2.24亿人次,冰雪旅游收入约为3860亿元,冰雪旅游人数和冰雪旅游收入分别比2017~2018年冰雪季增长13.7%、17.1%,冰雪旅游维持快速增长势头,冰雪旅游成为践行"冰天雪地也是金山银山"的示范产业,实现了"冰雪旅游+文化""冰雪旅游+运动""冰雪旅游+装备制造业""冰雪旅游+房地产""冰雪旅游+农业"等融合发展。

（三）推动了地方经济社会转型升级

冰雪经济综合带动作用强，关联产业多。瑞士、奥地利、日本等发展经验表明，发展冰雪经济对于服务业、工业、房地产业、制造业等产生直接拉动作用。当前，吉林、黑龙江、辽宁、新疆、内蒙古、宁夏、青海等省份正处于转型升级和振兴崛起的关键阶段，它们具有发展冰雪经济的天然优势和良好基础，黑龙江、河北、北京、吉林等省份出台了推动冰雪经济发展的意见，哈尔滨、张家口、牡丹江、长春、乌鲁木齐等30余个城市出台了冰雪经济专项规划或者促进意见，加大冰雪旅游支持力度有利于这些区域的经济社会转型发展。

（四）满足了全域旅游发展需要

全域旅游要求全时间、全空间和全产业发展，而淡旺季显著往往是旅游业发展的常态，特别是冬季，我国很多地方旅游发展普遍进入了传统的淡季，通过大力发展冰雪旅游，淡季不淡成为新常态，东北、西北、华北等很多地区以及很多南方大都市通过夏季和冬季的两季繁荣带动四季发展。

三、"冰天雪地也是金山银山"的科学指引

贯彻落实好习近平总书记"冰天雪地也是金山银山"理念，未来要用最严格的生态保护制度守护住冰天雪地的宝贵生态环境，以冰天雪地服务好广大老百姓的美好生活需要，让冰雪旅游、冰雪文化、冰雪运动、冰雪装备等成为支柱产业。

（一）持续推进冰雪经济的大众化

人民冰雪为人民，冰雪旅游、冰雪运动、冰雪文化等产业发展的初心是为了满足广大老百姓对于美好生活的向往，正如世界旅游组织在1980年《马

尼拉宣言》中提到的，旅游是人的基本权利和长存的生活方式。未来，不能仅仅发展大型滑雪场、商业综合体等高端冰雪经济项目，更要利用城市公园、景区、乡村等开发冰雪娱乐园等大众项目，发展大众观光冰雪产品，同时，提升冰雪项目的交通便利性和价格惠民性。要降低冰雪运动的门票、器械、穿戴设备等经济成本以及交通不便产生的时间成本，让冰雪以更亲民的方式为大众所接受。

（二）持续推进冰雪经济的品质化

要不断完善冰雪经济的顶层设计方案，加快冰雪产业政策创新，用标准化和品牌化提升冰雪产品品牌质量。用好中国作为世界超大需求国家的市场优势，在冰雪旅游、冰雪装备、冰雪服装等关键领域占据全球价值链核心位置。在冰雪旅游方面，要构建主客共享的全域旅游目的地公共服务体系，提升冰雪旅游目的地的可进入性和舒适度，让游客在体验冰天雪地产品的同时，体验到温暖且有品质的公共服务。在冰雪运动方面，要打造具有世界影响力的知名赛事品牌和民间冰雪运动品牌。要促进冰雪旅游、冰雪文化、冰雪运动、冰雪装备等融合发展，形成具有中国特色的冰雪融合发展道路。

（三）持续推进冰雪经济的现代化

要充分尊重现代冰雪产业发展规律，发挥科技、时尚、文化等元素对于冰雪经济的推动作用，打造一批让青年人爱玩、可玩、好玩的冰雪产品。要发挥冰雪旅游、冰雪运动、冰雪文化的示范带动作用，推进冰雪旅游与体育、科技、房地产、康养等协同发展。要以大数据、云计算、人工智能、现代仿生技术、纳米材料装备等科技为支撑，大力培育冰雪经济产业链，提升冰雪经济的全球价值链主导权，争取在冰雪旅游、冰雪机械制造、冰雪穿戴设备、冰雪文化等形成全球话语权。

（四）持续推进冰雪经济的可持续化

冰雪经济的发展是建立在良好生态环境之上的，正如习近平总书记指出的,要正确处理好经济发展同生态环境保护的关系,牢固树立"保护生态环境就是保护生产力、改善生态环境就是发展生产力"的理念。① 未来要在保护好冰天雪地生态环境基础上,开发利用好冰雪资源,即在保护中开发,在开发中保护,通过开发冰雪旅游等筹措租金,更好地促进人与生态环境和谐相处。

---

① 郭威. 科学把握习近平生态文明思想的理论体系 [EB/OL]. http://www.xinhuanet.com/politics/20220512/2acf6e8d40b84e858f6f72fac66720a3/c.html.

| 第二章 |
我国冰雪旅游发展的总体概况

2015 年，北京冬奥会申办成功极大激发了大众参与冰雪运动的热情，经过 8 年发展，"三亿人上冰雪"已经从宏伟蓝图变成了现实画卷，冰雪旅游成为助力"三亿人上冰雪"的示范产业，冰雪旅游满足了游客对于美好生活的向往，显著提升了老百姓的幸福感和获得感。当前，我国冰雪旅游的特征可以简单概括为"机制有创新、产品有突破、市场有韧性、产业有支撑、文化有传承、品质有提升、基础有飞跃、空间有扩大、结构有调整、世界有影响"。后奥运时代，冰雪旅游要坚持高质量发展之路，既要传承中国经典冰雪文化，也要发展面向未来的现代冰雪文化，持续扩大冰雪旅游市场规模，构建现代化冰雪旅游产业体系，既建设好美丽中国，更要创造冰雪目的地的美好生活，满足游客消费升级和地方发展需要，尽快将中国打造成世界级的冰雪旅游目的地。

一、冰雪旅游成为"冰天雪地也是金山银山"示范产业

（一）创新体制机制，持续释放冰雪旅游发展红利

2015 年北京冬奥会申办成功为大众广泛参与冰雪运动树立了奋斗目标，而 2016 年习近平总书记提出"冰天雪地也是金山银山"理念为全国冰雪旅游高质量发展吹响了冲锋号，在此背景下，冰雪旅游进入了市场高速扩容新阶段，冰雪旅游发展的政策环境更加宽松，体制机制红利持续释放。特别是，2019 年 3 月，中共办公厅、国务院办公厅印发的《关于以 2022 年北京冬奥会为契机大力发展冰雪运动的意见》提出，"加快发展冰雪休闲产业，推动

冰雪旅游产业发展，促进冰雪产业和其他产业深度融合"，冰雪旅游正式上升为国家战略。2021 年 2 月，文化和旅游部、国家发展改革委、国家体育总局联合印发《冰雪旅游发展行动计划（2021—2023 年）》提出，不断扩大冰雪旅游优质产品供给，深挖冰雪旅游消费潜力，持续推动冰雪旅游与相关行业融合，不断提升冰雪旅游公共服务，积极夯实冰雪旅游发展基础。在国家相关部委引领下，地方创新发展思路，持续扩大冰雪旅游消费人群，方法主要有两种：一是黑龙江、吉林、新疆、河北、内蒙古、西藏等冰雪资源富集省份，通过创新体制机制，发展独特的传统冰雪文化和现代冰雪文化产品，积极发放冰雪旅游消费券，在冰雪旅游客源地开展市场推动，不断加开冰雪旅游客源地航线、加密已有航班密度，加大冰雪景区门票优惠力度，努力提升本地冬季旅游的热度，扩大冰雪旅游的消费人群；二是在广州、深圳、武汉、长沙等南方传统客源地建立现代化的冰雪娱乐设施，让游客在日常生活中就可以享受冰雪休闲旅游的乐趣。

（二）从美丽风景到美好生活，北京冬奥会激发了人们冰雪旅游的刚性生活需要

发展冰雪旅游，良好生态环境下的美丽风景是基础，美丽风景可以吸引游客，而冰雪目的地的美好生活则是高质量发展的决定因素，美好生活决定了游客能否留下来，决定了目的地的生命力，如果只是吸引来了，留不下来，则冰雪旅游就是不可持续的。在冰雪旅游的带动下，冰雪旅游富集区持续加大环境整治力度，根据 2021 年 12 月财政部发布的《关于提前下达 2022 年大气污染防治资金预算的通知》，大气污染防治资金预算排名第 6～10 位的省份，分别为甘肃、新疆、辽宁、内蒙古、黑龙江，预算分别在 5 亿～8 亿元，这 5 个省份是北方地区的冰雪旅游资源大省份，在地方努力下，我们看到越来越多冬天的美丽风景。有了美丽风景还是远远不够的，还需要如哈尔滨的中央大街、长春"这有山"、乌鲁木齐"大巴扎"、北京的簋街等美好生活体验地，才能让游客开心留下来。创造一种生活方式，就是产业变革突出的创

新方式，就像企业特斯拉，让出行方式、汽车动力完全改变，冰雪旅游就是这样扩展旅游产业边界，为中国创造幸福的产业。冰雪旅游让寒冷可以成为一种产业资源，让千里冰封、万里雪飘的天寒地冻可以成为一种旅游场景，让美丽风景可以转换为美好生活，让昔日冷资源变成了热经济。中国旅游研究院2021~2022年冰雪季冰雪旅游专项调查显示，被调查者中，有90.1%的人曾经以不同形式体验过冰雪旅游，每年有63.3%的人体验过1~2次冰雪旅游，每年有24.8%的人体验过3~4次冰雪旅游，这说明我国正在从冰雪旅游体验阶段进入冰雪旅游刚性生活需求阶段，常态化重复消费正成为越来越多人群的选项。出游意愿专项调查显示，2022年第一季度居民旅游意愿为85.32%，比上一年同期同比增长3.15%，旅游需求基本面良好，并且逐步恢复到疫情前水平。特别是2022年北京冬奥会的举办对于人们体验冰雪旅游起到了积极作用，调查显示，尽管受新冠肺炎疫情影响，但是71.7%的游客会在2022北京冬奥会激励下不改变或者增加冰雪旅游的消费，有68.4%的游客十分确定会受北京冬奥会影响增加冰雪旅游的次数，可以说，2022年北京冬奥会的成功举办激起了人们对冰雪旅游消费的热情。

（三）冰雪旅游"向内而生"，"三亿人上冰雪"从蓝图成为现实

部分冰雪资源丰富地区虽然遭遇了新冠肺炎疫情影响，但是得益于"北冰南展西扩东进"战略，冰雪设施"翻山越岭"，走出山海关，跨过秦岭，实现全国覆盖。根据《2020年全国体育场地统计调查数据》，截至2020年底，我国冰雪运动场地1888个，场地面积0.67亿平方米，其中，滑冰场地1187个，占到62.87%；滑雪场地701个，占到37.13%。冰雪运动软硬件设施全面提升为全国冰雪旅游的发展提供了基础，让冰雪设施、冰雪文化在全国有力推进，再加上大量出境冰雪旅游游客回流国内，因此，2020~2021年冰雪季我国冰雪旅游人数好于预期，同时，由于消费结构调整、消费距离缩短等消费特征变化显著，整体冰雪旅游收入低于预期。根据中国旅游研究院

冰雪旅游课题组综合测算，2021～2022年冰雪季我国冰雪休闲旅游人数为3.44亿人次，冰雪休闲旅游收入为4740亿元，2021～2022年冰雪季我国冰雪休闲旅游人数是2016～2017年冰雪季1.7亿人次的2倍多，冰雪休闲旅游收入从2016～2017年冰雪季的2700亿元增加到2021～2022年冰雪季的4740亿元，冰雪旅游实现了跨越式发展。可以说，冰雪旅游大众化、惠民化、便利化等消费新特征让冰雪旅游人数增长的同时，更多的游客参与、更实惠的价格、更便利的设施、更高品质的服务正成为我国冰雪旅游产业发展的新特征、新趋势。

（四）我国冰雪旅游重构了"三足鼎立、两带崛起、全面开花"的空间新格局

冰雪旅游空间新格局既有冰雪设施和产品供给方面的因素，更有市场驱动需求方面的因素。总体来看，传统的冰雪经济大区东北地区依然强势，京津冀地区因为北京冬奥会的成功举办而迅速崛起，新疆因为冰雪资源富集和地区冰雪品牌推广逐渐被全国游客接受。在新的空间格局中，"三足鼎立"就是东北地区、京津冀地区、新疆地区三个区域，其中，东北地区蕴含着2025年"十四五"末期3亿冰雪旅游人次、5000亿元收入的超大规模消费的冰雪旅游市场潜力；京津冀地区蕴含着2025年"十四五"末期1亿冰雪旅游人次、2500亿元收入的超强消费的冰雪旅游市场潜力；新疆地区蕴含着2025年"十四五"末期1亿冰雪旅游人次、2000亿元收入的超快发展的冰雪旅游市场潜力。"两带崛起"是指西藏、青海为代表的青藏高原冰雪观光旅游带和以川贵鄂地区为代表的中西部冰雪休闲旅游带，这两带均蕴含着"十四五"末期实现5000万冰雪旅游人次、1000亿元收入的巨大市场潜力。西藏推出的"冬游西藏"优惠政策让游客可以花最少的费用体验最美的雪域高原，体验羊八井温泉、日光城拉萨、羊湖、冰川探险等。四川积极打造"温暖的南国冰雪世界"，全省已形成了47个冰雪观光旅游景区、16个滑雪场、10个温泉度假区、100余处温泉旅游点。"全面开花"是指全国各省份

均形成了冰雪旅游亮点、增长点和依托产品，不论是四季分明的北方、温暖的南方还是遥远的西部，都不同程度通过科学、艺术、运动、旅游等相结合的手段实现了冰雪休闲旅游产品的供给。

（五）坚持品牌引领，众多冰雪目的地特色化路径正在形成

如果从竞争层面来看，价格竞争是较低的层面，差异化的品牌竞争则是较高的层面。我国冰雪旅游目的地将本地文化与冰雪资源禀赋相结合，坚持从冰雪旅游向冰雪城市转型，正在形成自身特色的冰雪旅游品牌，哈尔滨、张家口、长春、沈阳、乌鲁木齐、阿勒泰、吉林、牡丹江、伊春、呼伦贝尔、延庆、长白山保护开发区等已经成为国内知名冰雪旅游城市。哈尔滨坚持传统冰雪文化产品化、品牌化，推进冰雪与艺术融合发展；长春持续推进冰雪全域化、产业链化；吉林以大型滑雪场为核心加快冰雪企业集群化；呼伦贝尔将民族风情＋冰雪融合发展，积极发展冰雪那达慕、冰雪专列、驯鹿部落、冷极村等；阿勒泰地区积极融合传统冰雪文化和现代冰雪文化，实现冰雪观光度假协同发展；乌鲁木齐加快民族风情＋滑雪融合，打造全国滑雪度假地；沈阳积极打造冰雪＋温泉"冰火"双品牌；伊春持续推进森林＋冰雪观光产品精品化；张家口抓住2022年北京举办冬奥会机遇，打造奥运文化体验地和滑雪产业集群；牡丹江打造"乡村冰雪＋冰雪景区"的观光旅游模式。在目的地发展中，一批高质量的冰雪旅游景区（度假区）通过产品创新、硬件完善、品牌营销等持续成为游客喜爱的冬季景区，哈尔滨冰雪大世界（黑龙江哈尔滨）、太阳岛国际雪雕艺术博览会（黑龙江哈尔滨）、亚布力滑雪旅游度假区（黑龙江哈尔滨）、七山滑雪度假区（河北保定）、崇礼冰雪旅游度假区（河北张家口）、镜泊湖景区（黑龙江牡丹江）、北京渔阳国际滑雪场景区（北京平谷）、长春冰雪新天地（吉林长春）、长白山旅游度假区（吉林长白山）、万科石京龙滑雪场（北京延庆）等成为2021～2022年冰雪季的冰雪旅游热门景区（度假区）。

（六）冰雪旅游市场出现结构性调整，"小区域、弱消费、高频次、旅游本地生活化、服务自助化、冰雪观光和滑雪休闲度假并重"成为市场结构调整的重要特征和趋势

在新冠肺炎疫情偶发态势的影响下，近距离冰雪休闲旅游爆发，远距离冰雪旅游受到较明显抑制，目的地类的冰雪城市受影响较大，目的地和客源地双类型的冰雪城市均衡发展，传统客源地出行需求受到一定程度的限制，但是近距离冰雪设施建设在一定城市满足了冰雪休闲的需要。调查显示，在远、近目的地选择上，42.3%的游客倾向于选择近距离冰雪旅游目的地，36%的游客倾向于选择远距离冰雪旅游目的地，17.8%的游客表示会体验远、近两类冰雪旅游目的地。2020~2021年冰雪季我国冰雪旅游人均消费为1061元，比2018~2019年冰雪季我国冰雪旅游人均消费1734元要低673元，但是比2020年我国整体旅游业中游客人均消费775元要高286元。2021~2022年冰雪季专项调查显示，每年有63.3%的人体验过1~2次冰雪旅游，有24.8%的人体验过3~4次冰雪旅游，高频次冰雪旅游消费正在成为新特征。服务自助化成为游客在冰雪旅游中的重要倾向，65.2%的游客希望全自助办理、非接触式服务完成冰雪旅游项目。冰雪旅游观光和休闲度假并重成为冰雪旅游市场发展的新特征，42.5%的游客倾向于冰雪观光游览，45.1%的游客倾向于滑雪休闲度假，这也是未来冰雪旅游产品调整的重点方向。

（七）冰雪旅游投资更加理性，从单纯的规模扩张向提质扩容的内涵式发展转变

新冠肺炎疫情使冰雪旅游企业面临的困难增多，投资更注重回报率和回报周期，在已有项目基础上注重酒店、康养娱乐、度假公寓等配套设施的建设，政府在基础设施投资方面，更注重投资综合带动作用大的基础项目。根据课题组不完全统计，2018年以来建成的较大投资规模的重资产类冰雪建设项目为157个。2018~2020年，冰雪旅游重资产项目的总投资规模近9000亿元，2021 年新增重资产项目投资总额约 900 亿元。2018～2021 年，三北（东北、西北、华北）地区吸纳的投资金额占比为 47.9%，而其余四区（西南、华南、华中、华东）的投资金额占比达到了 52.1%（见图 2-1）。2018～2021 年，从各省份投资额度的排名来看，吉林、湖北、广东分列资本吸金前三甲，均达到千亿元规模左右。奥运省份河北位列第四，江苏、西南片区的四川、重庆、云南、黑龙江吸金额度也都达到了 500 亿元以上。2018～2021 年，在政策和政府投资的引导下，大量社会资本涌入冰雪领域，社会投资额度占比约达 86%，政府投资或主导投资的额度占比约为 14%。

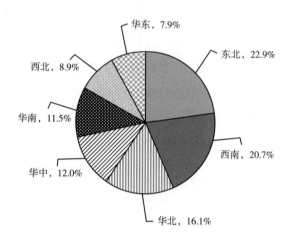

图 2-1　2018～2021 年各大区冰雪旅游重资产项目投资额占比

资料来源：课题组根据相关资料整理绘制。

冰雪旅游重资产项目尤其是大型的、综合类项目的持续增加，对其旅游目的地周边的基础设施尤其是交通基础设施提出了更高要求。2016～2021 年，我国以发展冰雪经济为契机，向冰雪旅游交通基建项目进行倾斜性地投入，兴建完成了一批对当地交通状况影响重大的交通基础设施，极大地提升了当地冰雪旅游项目的可进入性。根据课题组统计，我国 2016 年以来建成的（含少量 2016 年前立项的和当前在建的项目）冰雪旅游交通项目共计 128 个，投资总额达到 2.47 万亿元。我国这一阶段冰雪旅游交通基建的重心在铁路类项目上，其投资额度最高，6 年来我国共投资兴建有 41 个铁路类项目（包括专线高铁、旅游高铁、城际铁路），投资总额约为18726.2亿元；其次是公路类项目，6年来兴建的公路类项目（包括旅游目的地周边普通公路和高速公路）共49个，投资总额约2770.1亿元；同时兴建有交通枢纽类项目（包括机场、客运站等各类转运换乘中心）共30个，投资总额约为2843.9亿元；其他项目（桥梁、通道、管廊等项目及保障工程）共8个，投资总额约326.3亿元。如图2-2所示。

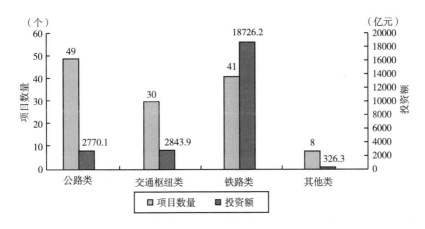

图2-2　2016~2021年中国冰雪旅游交通基建项目数量和投资额

资料来源：课题组根据相关资料整理绘制。

（八）冰雪文化和冰雪旅游融合发展深入推进，以传承中国经典的传统冰雪文化和面向未来的现代冰雪文化为代表的冰雪旅游产品形成全国影响力

实践证明，一个地区冰雪文化内涵深厚了，冰雪城市就有了灵魂，冰雪文化有特色了，冰雪城市就有了旅游品牌。哈尔滨因为冰的文化，如冰灯艺术、采冰节、元宵滚冰，城市冰雪旅游品牌驰名中外，不仅中国的冰工艺要找哈尔滨的师傅，世界造个冰雕乐园也要找哈尔滨师傅；张家口因为冬奥文化，让城市成了品质生活和美好生活的聚集地；阿勒泰因为毛皮板滑雪传统文化，让世界知道了原来滑雪的起源地在中国，原来阿勒泰的雪那么美、那么厚；牡丹江因为雪乡的乡村民俗文化，让人知道雪花还能那么神奇，有各

种不同的形状；吉林因为现代滑雪文化，每年冬天都会成为滑雪爱好者的天堂。为了更好地传承经典的传统冰雪文化、发展面向未来的现代冰雪文化，根据专家评议和游客市场调查，2022 年 10 个冰雪经典创新项目有大雪时节采头冰（黑龙江哈尔滨）、什刹海溜冰（北京）、松江赏雾凇（吉林省吉林市）、元宵围火滚冰（黑龙江木兰）、断桥赏雪（浙江杭州）、冰灯游园会（黑龙江哈尔滨）、毛皮板滑雪（新疆阿勒泰）、冰雪那达慕（内蒙古）、雪域高原泡藏药温泉（西藏羊八井）、雪山下泡温泉（四川海螺沟）；2022 年10 个冰雪时尚创新项目（10 个）有漠河找北（黑龙江漠河）、雪乡跳雪（黑龙江牡丹江）、雪地摇滚（河北崇礼）、米堆冰川探险（西藏林芝）、冬季英雄会（内蒙古呼伦贝尔）、禾木冰雪摄影（新疆喀纳斯）、冰雪光影秀（新疆阿勒泰）、首钢冰雪汇（北京石景山）、雪地火锅（重庆）、松花江冰雪嘉年华（黑龙江哈尔滨）。

（九）文化创意、动漫、时尚、乡村、科技、新媒体、康养、体育等持续为冰雪旅游赋能，优质冰雪旅游产品供给持续扩大

冰雪旅游与相关产业、元素、载体等正在从四个层面进行融合创新：一是产业之间融合，冰雪旅游产业与文化产业、农业、工业、金融业、林业、高技术产业等融合发展，实现了业态创新，一大批吉林、黑龙江、新疆内的国家级滑雪旅游度假地为代表的世界级冰雪旅游景区、度假区为冰雪旅游高质量供给提供了支持，虚拟现实、元宇宙冰雪体验让冰雪体验无处不在、不分季节；二是冰雪旅游与红色旅游、工业旅游、体育旅游、自驾旅游等业态内融合，这是目的地提升吸引力，实现可持续发展的必由之路；三是冰雪旅游与其他冰雪经济的融合，如冰雪旅游与寒地测试、冰雪制造、冰雪装备、冰雪运动、冰雪房地产等融合，对于发展寒地冰雪经济起到了重要的推动作用，呼伦贝尔、黑河等地区成为寒地冰雪经济融合发展的典范；四是冰雪旅游与乡村振兴、新型城镇化、城市更新等融合发展，为乡村、城镇和城市经济社会转型升级提供了动力支持，牡丹江雪乡、哈尔滨亚布力、阿勒泰禾木、

伊犁河谷、阿尔山白狼镇等成为乡村振兴和地区发展的亮点。调查显示，游客对于冰雕制作、冰雪运动、冰雪民俗、冰屋体验等最为喜爱（见图2-3），说明"冰雪+文化""冰雪+体育""冰雪+康养"等是冰雪旅游融合发展需要重点关注的方面，用文化创意、动漫、市场、乡村、游戏、新媒体、康养、体育等为冰雪旅游可持续发展提供新动能。

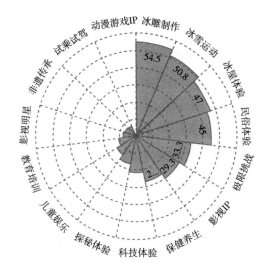

图2-3　游客认为有吸引力的"冰雪+"活动（％）

二、人民期待和消费升级需要冰雪旅游高质量发展

（一）制约冰雪旅游发展的政策瓶颈依然较多，亟需加快从政策红利向市场红利转变

国家层面已经出台了15项支持冰雪旅游发展的政策，涉及有型冰雪消费、冰雪设施、冰雪装备、青少年参与、冰雪旅游等，推动了大众参与冰雪旅游的热情，特别是2021年三部委出台的冰雪旅游三年行动计划对于推动冰雪旅游高质量发展起到了重要作用。北京、河北、黑龙江、吉林、新疆、四川、西藏等也通过产业促进政策、消费补贴、景区免费、税收优惠、宣传促

销等推动冰雪旅游发展。虽然国家已经出台了系列冰雪产业发展促进政策，对于冰雪旅游发展起到了很大的促进作用，但是很多供给层面的政策瓶颈还需要大的政策集成和创新来解决，如很多滑雪度假区土地商用、临时用地使用、林草地腾退和补偿、配套酒店和设施建设、用电用水价格优惠实现等方面存在很多问题，既有历史遗留问题，也有现实发展问题，这些问题制约了冰雪企业朝着现代企业集团迈进的步伐，企业发展面临较大的制约因素。

（二）很多冰雪场馆设施处于封闭管理状态，冰雪设施的公共服务效能还很不足

在国家"北冰南展西扩东进"战略引领下，我国冰雪场馆基本实现全国覆盖，根据《2020 年全国体育场地统计调查数据》，截至 2020 年年底，我国冰雪运动场地 1888 个，场地面积 0.67 亿平方米，其中，滑冰场地 1187 个，占到 62.87%，滑雪场地 701 个，占到 37.13%。与绝对数量增长相比，很多地区冰雪场馆只在地方冰雪运动队训练或者备战使用，对于大众开放程度或者时间有限，或者没有开放，很多设施常年处于闲置状态，人民群众还没有充分享受到冰雪场馆带来的福利，小众竞技思维还没有转化为大众休闲市场思维，群众的获得感和满意度有待提升。

（三）冰雪旅游便捷性、惠民性存在地区不平衡，大众冰雪旅游市场潜能需要进一步释放

我国已经是世界冰雪旅游大国，但是与国内旅游市场规模相比，出游人数、出游频率还有较大增长空间。2020～2021 年冰雪季我国冰雪旅游人数占 2020 年全国国内旅游人数的比例仅为 8.82%，冰雪旅游出行 1～2 次的初级体验者占多数。调查显示，我国冰雪旅游游客最关注的问题排在首位的是交通便利性，不管是飞机、高铁等进入目的地的大交通，还是目的地交通枢纽到冰雪景区、度假区、酒店等接驳的小交通，都是决定冰雪目的地能否吸引游客的关键要素。大部分冰雪旅游资源富集区经济发展相对较慢，这就要求

这些地区加快公共服务体系建设。另外，很多冰雪度假区价格较高，抑制了消费者的消费意愿，因此，要在城市周边建立更多普惠性、便捷性的公园以及乡村冰雪场所。

（四）现代冰雪旅游产业体系还未建立，冰雪产业链关键环节世界竞争力不强

我国现代冰雪旅游产业起步较晚，冰雪旅游的服务体系和产业主体很多都是从国外直接引进的，如法国地中海俱乐部、欧洲滑雪培训体系、始祖鸟、斐乐中国、迪森特等户外装备品牌都是我国企业收购外国企业实现全球化和为中国游客服务目标的，当然这对于迅速满足国内冰雪旅游需求起到了积极作用。也应该看到，随着我国冰雪旅游大国市场的崛起，符合中国文化特质和中国游客需要的专门冰雪产业体系、服务标准还没有建立，这就需要中国企业充分发挥强大的国内市场规模优势，通过创新来引领世界冰雪产业链关键环节的发展。

（五）冰雪旅游发展存在雪强冰弱特征，与冰相关的大众冰雪产业体系还刚起步

当前，与我国冰雪运动冰强雪弱不同，我国冰雪旅游发展存在雪强冰弱现状。我国冰雪旅游发展的旅游吸引物主要是与雪相关，冰更多是作为休闲的相关活动，旅游属性没有发挥出来，哈尔滨、长春、阿尔山等个别地区促使冰雕主体公园发展成为旅游吸引物，冰雪旅游发展雪强冰弱特征明显。从西方发达国家冰雪产业实践看，与冰相关的产业体系具有发展成极具魅力旅游吸引物的可能，如北美、欧洲冰球联赛每年吸引全世界的目光，冬季体育旅游市场潜力巨大。

（六）中国传统冰雪文化和现代冰雪文化内涵挖掘不足，冰雪文化与城乡发展融合不足

中国传统冰雪文化深厚，不仅有人类滑雪起源的毛皮板滑雪，还有冰灯

艺术、冬季渔猎、冰雪那达慕、冰嬉、冰雪打猎、冰蹴球、打冰嘎、冰车等，还有古代诗词中无数文人雅士的冰雪观光传统。除了经典的冰雪文化外，冰雪与奥林匹克运动相结合的体育、动漫、时尚、音乐、康养、科技、摄影等也产生了众多的时尚冰雪文化，但是从目前来看数量大于质量，特别是符合大众现代旅游需求、高品质的国际冰雪文化旅游产品相对较少，冰雪文化与城市品牌创新、城市更新、乡村振兴发展结合还远远不够，冰雪文化的地方印记需要进一步加强。

三、我国冰雪旅游发展存在的误区

要落实好习近平总书记提出的"冰天雪地也是金山银山"、推动"三亿人参与冰雪运动"重要指示，必须加快实现从冰雪运动的引领到大众冰雪旅游的普及的转变，在看到成绩的同时，也需要注意到当前我国在实现"三亿人上冰雪"的目标上还存在一些误区。

（一）重冰雪运动，轻冰雪消费

通过国际经验的研究，人均 GDP 超过 8000 美元之后，滑雪人口开始高速增长，人均 GDP 达到 10000 美元之后，滑雪人口的增长将步入爆发期，高速增长期将维持 10 年以上。2018 年我国人均 GDP 为 9769 美元，上海、北京、深圳、天津、广州等大城市人均地区生产总值更是接近或者超过 2 万美元，而且我国拥有世界最大规模的中等收入群体，超大规模的国内市场和旅游消费升级为我国冰雪消费提供巨大空间。与此同时，我国在推动冰雪运动特别是奥运冰雪竞技方面投入了大量的人力、物力、财力，国家体育总局、国家发改委、教育部等出台了冰雪运动设施场地、冰雪进校园等系列规划，但是在创建冰雪消费品牌、培育游客冰雪消费习惯、完善冰雪旅游商业设施、创新冰雪产业业态方面还缺乏顶层设计和政策支持，冰雪消费的巨大潜能有待释放。

（二）重项目本身，轻产业链延伸

冰雪经济的产业链长、关联产业多、综合带动作用大，目前我国比较重视滑雪度假区、冰雪景区、冰雪小镇、冰雪演艺、冰雪运动、冰雪文创等项目本身，但是在冰雪产业链的上下游冰雪设备设施、游客冰雪穿戴装备、专业化管理企业建设等方面还处于起步阶段。相比之下，欧美已建立了完善的冰雪装备产业链，形成了完整的科技研发、装备制造供给体系。日本本土品牌冰雪产品国内市场占有率达到50%以上，国际竞争力较强。我国冰雪消费者商品品牌已在软性产品上占据一席之地，如服装、雪镜、头盔等，有了诸如探路者、奔流等品牌，但是雪鞋、雪板、冰刀等仍以国外品牌为主。在面向冰雪旅游供应商的装备制造业方面，我国冰雪旅游国产化不足，高空缆车、压雪机等大型设备基本被奥地利、瑞士、挪威等国家垄断。

（三）重旅游开发，轻环境保护

在巨大冰雪旅游经济利益引导下，一些地方和企业在气候、山体、温度、树木和水资源储量等条件不能满足生态环境可持续发展要求的情况下，人为强行上马冰雪旅游项目，造成资源环境的破坏，对当地生态圈造成了巨大损伤，这就是典型的重旅游开发、轻资源保护观念的典型体现，是不可持续的行为。生态兴则文明兴，生态衰则文明衰。如果人为过度破坏环境，就没有绿水青山、没有冰天雪地，也就没有金山银山，只有保护住了绿水青山、冰天雪地的良好生态环境，才能创造更多的财富。

（四）重项目投资，轻企业运营

为了推动经济发展，各地在招商引资的过程中，往往注重大型冰雪旅游综合体、大型滑雪场、大型冰雪制造和装备等经济项目的投资，重视资本运作来快钱的模式，对于景区运营、企业管理、人才培养等缺乏足够的耐心，往往希望通过引进成熟的国外团队来管理冰雪景区、滑雪场等。由于我国冰雪旅游发展处于起步阶段，冰雪旅游景区往往缺乏一流的管理和运营企业的人才，缺乏像酒店一样的冰雪景区专业化管理公司，未来我国要建成冰雪旅游强国，绝不能仅停留在建设投资上，要重视冰雪产业专业管理体系和队伍的培育，促进我国冰雪旅游的可持续发展。

（五）重硬件建设，轻软件完善

世界经济论坛（WEF）发布的《2019 年旅游业竞争力报告》显示，中国在全球旅游业竞争力榜单中排名第 13 位，比上一次报告发布时提升了 2 名，与世界前 10 位的瑞士、西班牙、德国、日本等国家相比，我国高铁、厕所、资源等硬件排在世界前列，旅游公共服务水平、营商环境、人文素质、法律规范等软件相对滞后，要想成为一流冰雪旅游城市，必须加强软件建设。随着全域旅游时代的来临，游客不仅仅关注美丽风景，更加强调对美好生活的需求，如果只是在乎打造几个标志性的核心冰雪景区，而忽视对住宿、餐饮、旅行社等当地品质供应商的培育，忽视城市商业环境和友好人文氛围的营造，忽视时尚、活力的生活场景营造，那么再好的资源也难以形成强大的旅游吸引力。

（六）重产业促进，轻政策衔接

近年来，国家各部委纷纷出台了促进冰雪产业发展的系列政策，冰雪产业政策有待统一协调。文化和旅游部、国家体育总局、国家林业和草原局、自然资源部、水利部等相关部门都有交叉管理的冰雪旅游、冰雪产业部分，如滑雪度假区建设涉及山体利用、水源开发、林业开发、旅游开发、项目审批、文化利用等。冰雪旅游景区也需要建立类似国家公园的统一管理机构和体制。促进冰雪旅游发展的意见以及冰雪旅游总体规划、滑雪旅游度假区规划、冰雪旅游品牌营销计划等有待完善。

四、后奥运时代构建世界级冰雪旅游大国产业体系

着眼于国内和国际两个市场，要继续扩大冰雪旅游市场规模，推进冰雪

旅游供给侧改革，以国际化、产业链化、全域化、品质化为导向，加快冰雪旅游发展的政策红利向市场红利转变，构建世界级冰雪旅游大国产业体系。积极发挥中国特色冰雪旅游市场主体的关键作用，推动大众冰雪观光和休闲度假模式协同发展。深入挖掘中国冰雪文化的内涵，以文化提升冰雪旅游产品吸引力，加快推动冰雪文化的市场化、产业化和国际化建设，向国际游客展示中国冰雪文化的独特魅力。

（一）培育大众冰雪旅游市场，释放冰雪旅游市场潜能

第一，加强政策创新，优化冰雪旅游发展的市场环境。要加大冰雪旅游市场开放力度，不仅要为国内游客服务，还要做好国际市场开发和筹备，吸引东南亚、日韩、俄罗斯等游客前来体验中国冰雪旅游产品。要加强冰雪旅游产业政策集成，集中力量解决当前旅游企业发展的制度成本过高问题，解决土地、林草地补偿、用电用水成本过高、财政支持等方面的突出问题，让企业更好地为游客服务，做大做强。要加强冰雪的市场促进政策创新，通过交通便利性、防疫精准化、科技智能化、价格亲民化等提升现有游客的消费体验舒适度，让游客真正爱上冰雪旅游。要加强冰雪旅游产品创新，开发更多年轻人喜爱的冰雪旅游产品，而不是简单的复制已有的冰雪产品。

第二，凝聚冰雪旅游发展共识，扩大冰雪旅游消费人群。从历次旅游井喷的实践看，未来挖掘、释放冰雪旅游消费需求是主要任务。要继续实施"北冰南展西扩东进"战略，凝聚冰雪旅游发展共识，让多元力量支持冰雪旅游发展。要积极推动冰雪旅游本地生活化，让本地居民成为冰雪消费的主力军。黑龙江、吉林、新疆、河北、内蒙古、西藏等冰雪资源富集大省份，要努力提升本地冬季旅游的热度，扩大冰雪旅游的消费人群。广州、深圳、武汉、长沙等发达城市要加快建立现代化的冰雪娱乐设施，让游客在日常生活的周末就可以触手享受冰雪休闲旅游的乐趣。

第三，培育大众冰雪文化，积蓄冰雪市场消费潜能。冰雪旅游市场在培育过程中，冰雪文化氛围的营造非常重要，特别是青少年群体的广泛参与，

对于夯实冰雪旅游大众市场至关重要。文化和旅游部门要继续通过冬季旅游促销、冰雪旅游标准化等举措提升冰雪旅游的参与度，体育部门要通过全国大众冰雪季系列活动、修建冰雪运动场所等提升冰雪运动普及度，各地教育部门要继续通过十万、百万青少年冰雪进校园等活动提高年轻人的冰雪热情，工业信息部门要加快推动冰雪机械制造进程，将冰雪装备做大做强。

（二）加快冰雪旅游供给侧改革，构建现代冰雪产业体系

第一，建设冰雪旅游发展的空间载体体系。积极满足国内旅游消费升级和境外消费回流需要，建设一批具有丰富文化内涵、冰雪资源富集的国家级和世界级旅游度假区和景区。支持高标准建设一批特色鲜明的国家级、省级滑雪旅游度假地，实现度假地范围内休闲度假、竞赛表演、研学培训、文化体验一体化发展。支持国内一流滑雪度假区通过完善雪道、索道、缆车、滑雪学校、酒店、人才、服务等软硬件设施，建设世界一流度假区。积极打造冰雪旅游产业集聚区，完善机场、道路、高铁、游客中心等基础设施，形成冰雪运动、冬季渔猎、民俗风情体验、高端度假、冰雪观光、乡村体验等特色化、差异化发展局面。

第二，壮大冰雪旅游市场主体。提升冰雪旅游企业现代化程度，推动吃、住、行、游、购、娱等要素的数字化、产业化、国际化、集群化发展，在特色民宿、高星级酒店、主题和连锁餐厅等建设方面给予优先支持。鼓励国内外战略投资者投资冰雪旅游企业，创新企业合作、治理方式。整合、培育一批中国特色的本土冰雪旅游集团、专业企业，在景区运营、酒店经营、冰雪培训、民宿发展、旅游商品开发、媒体传播等形成特色品牌，支持本土冰雪品牌对国内外输出管理、人才、技术。提升冬季旅游商品品牌建设能力，深度开发本地文化特色的冰雪旅游系列商品，提升商品的艺术性、实用性、时尚性和科技性。通过财政补贴、税收减免、智力扶持等方式，激发大众参与冰雪旅游创业的热情，培育一批中小微型冰雪旅游企业。

第三，延伸冰雪旅游产业链条。积极发展反季节冰雪旅游，推进四季滑

雪场市场开发，加快国有冰雪场馆对游客的开放步伐，有序开发冰川探险旅游。大力发展四季旅游，支持冰雪景区在夏季开发新业态、新项目，以两季繁荣、带动四季旅游发展。重点培育国内外影响力大的冰球职业联赛等市场程度高、观赏性强的体育旅游项目，形成竞赛旅游新亮点。发挥冰雪资源富集地区主导产业优势，积极发展商务会展旅游，建设会展综合体，打造国际会展城市品牌。支持提高已有冰雪博览会的层次和等级，使其升级为国家级博览会。加快冰雪旅游与乡村旅游、工业旅游、红色旅游、研学旅行、文化旅游、非遗产旅游、探险旅游等融合发展，大力培育旅游发展新业态。开发冰雪专列、极限自驾、雪地摇滚、冬季过大年等时尚项目，激发村落、小镇、景区冬季活力，联合大型线上线下旅游中间商，打造若干精品冰雪旅游线路。

（三）加快传统冰雪文化和现代冰雪文化产业化，持续推进冰雪文化和旅游融合发展

第一，创新发展中国传统冰雪文化产业。加快"冰雪文化＋"与"＋冰雪文化"协同发展，以业态融合为手段，满足游客多样化需求。挖掘非物质文化遗产的内涵，支持在非遗项目保护、非遗大数据平台建设、非遗传承人财税金融支持政策、非遗市场化改革、青年传承人培养等方面大胆创新，鼓励结合冬季旅游特点开发系列非遗创意商品。夯实冬季传统体育的市场消费基础，在社区、学校、企事业单位等大力弘扬体育文化，重点做好马拉雪橇、狗拉爬犁、冬季渔猎、滑冰车、玩冰灯等传统体育大众普及和市场推广。重点挖掘古代冰雪文化、现代滑雪文化、民族文化、农耕文化、温泉养生文化等元素，鼓励开发冰雪内容的少数民族服饰、手工艺品、树皮、石头制品等，对优秀传统艺术作品进行市场化开发。深度开发少数民族村落观光以及饮食、服饰、演艺、狩猎、耕作、婚礼等少数民族精品产业，打造青年人喜爱的传统冰雪文化产品。

第二，加快培育现代冰雪文化产业。着眼于冰雪旅游目的地、景区等空间单元为主体的独特冬季文化性格的艺术塑造，鼓励重点地区实施一个空间

单元开发一部经典戏剧、一首流行音乐、一部经典电影、一场特色音乐会等的地区性格塑造工程。加强冰雪元素与文创产业的结合，广泛开展冬季冰雪艺术经典、时尚文化产品的现代创作活动，注重用音乐、美术、绘画、舞蹈、摄影等多元化艺术方式对冰雪文化进行传承。鼓励全国广大艺术家和普通游客在特定区域进行艺术创作，探索驻地艺术家、科学家制度，在住房、土地、落户、医保等方面给予支持。加强冬季流行音乐作品、微电影、短视频的创作，将冰雪的经典文化、时尚文化传播出去。大力培育冬季特色鲜明的滑雪文化、餐饮文化、住宿文化、日常消费品文化、手工艺文化等文化品牌。加快目的地建筑、游客中心、路灯、广告牌、商店等现代有形冰雪文化符号的打造，让冰雪旅游地更有文化氛围。联合其他国家举办冰雪形象大使、冰雪演艺、冰雪服饰、冰雪探险、寒地新能源车竞速等国际比赛，提高现代冰雪文化吸引力。

（四）加强国际交流与合作，提升冰雪旅游国际竞争力

第一，加强冰雪文化国际交流与合作。提炼传统冰雪文化、现代冰雪文化的共同价值，向国际游客展示中国冰雪文化的独特魅力。发挥境外旅行社、导游、自媒体平台的旅游信息传播功能，推介高品质的国际冰雪旅游产品，讲好新时代中国故事。发挥世界旅游联盟、世界旅游城市联合会、联合国世界旅游组织等国际组织纽带作用，促进各国冰雪文化共建共享。积极建设国际游客的文化体验点，通过场景设计和开发，将代表性的菜市场、学校、博物馆、图书馆、剧院、法院等常态化生活场所打造成国际游客喜爱的景点。

第二，提升冰雪旅游国际吸引力。对标世界一流冰雪目的地，出台特定区域国际商品免税实施办法，开展境外商品免税试点，试点建设市内商品免税店。支持试点城市率先建成跨境旅游合作区和边境旅游试验区，在协调体制机制、口岸功能多元化、旅游线路入出境、基础设施互联互通、通关便利化、商品免税等方面给予大力支持。提升基础条件较好边境口岸的等级和开放程度，显著增强口岸功能，在有条件的口岸增设海关特殊监管区，建设综

合保税区。支持在乌鲁木齐市、长春市、哈尔滨等重点口岸和交通枢纽试点外国人 144 小时过境免签政策，提升入境旅游便利性。深化"互联网 + 冰雪旅游"融合发展，大力开展数字冰雪旅游建设，提升试验区内景区、滑雪场、酒店、民宿、旅行社等冰雪旅游企业智慧化程度。

五、我国冰雪旅游发展的十大趋势

（一）我国和地方将从全球冰雪产业链视角，积极对标冰雪旅游强国和强市，参与全球冰雪旅游市场竞争，加快完善冰雪旅游政策的顶层设计方案

瑞士、美国、日本等世界旅游强国均将冬季冰雪旅游作为冰雪经济支柱业态进行重点培育，随着 2022 年北京冬奥会的成功举办以及国家冰雪经济政策的落地执行，我国冰雪旅游必然要积极参与世界旅游竞争，将冰雪旅游冷资源转化为市场热资源、将冰雪旅游培育为战略支柱产业必然会成为更多地方经济转型的战略选择。未来，国内更多冰雪资源富集地区会以世界标准谋划一流产品，建设一流冰雪旅游目的地，在冰雪景区规划、建设和运营、冰雪人才体系建设、冰雪装备制造、冰雪旅游服务质量提升、冰雪标准化、冰雪旅游公共服务和基础设施完善等方面，全方位瞄准世界一流水平，补齐我国冰雪旅游短板，将冰雪旅游作为冬季旅游的重中之重，以参与全球冰雪价值链竞争，将冰雪旅游吸引力转化为世界性的、独一无二的旅游形式。

（二）大众参与冰雪旅游热情高涨，我国冰雪旅游市场规模高速扩张

未来我国冰雪旅游政策红利将进一步释放，冰雪旅游将迎来井喷期、爆发期，中国旅游研究院冰雪旅游课题组预计，到"十四五"规划末期的 2025 年，我国冰雪旅游人数将超过 5 亿人次，冰雪旅游收入超过 1.1 万亿元。现

代旅游业能够影响、带动和促进的行业多达 110 个，据世界旅游组织测算，旅游业每收入 1 元，可带动相关产业增加 4.3 元收入，冰雪旅游能够显著带动冰雪旅游地产、冰雪制造、冰雪农业、冰雪林业、冰雪文化、冰雪运动等多行业发展，预计 2025 年我国冰雪旅游将带动旅游及相关产业的收入达到4.73 万亿元。

（三）冰雪旅游成为产业资本追逐和创业创新的高地

在全国 34 个省级行政区中，除少数省份尚未建成滑雪场馆设施，滑雪设施在全国层面得到广泛重视。根据新冠肺炎疫情前的有关调查，在滑雪场消费人群中，75% 为游客群体，因此旅游业对于滑雪场带动作用突出，同时，这些游客中 90% 以上为一次性体验消费，按照冰雪旅游发达国家如瑞士、奥地利等的年人均滑雪 5 人次左右计算，未来我国冰雪旅游市场潜力巨大，滑雪产业比将成为资本市场追逐的高地。从滑雪旅游度假区营业收入看，2016 ～ 2017 年冰雪季我国滑雪旅游超过 30 万人次的有万达长白山国际度假区、万科松花湖度假区、万龙滑雪场、北京密云南山滑雪场等，综合收入超过 1 亿元的有万达长白山、北大壶、万科松花湖、万龙滑雪场等企业。从冰雪景区来看，2016 ～ 2017 年冰雪季哈尔滨冰雪大世界实现收入 3 亿元，雪乡实现收入近 8000 万元，雾凇岛实现收入 2000 多万元。随着滑雪旅游度假区、冰雪景区接待能力提升、冰雪产品丰富和冰雪文化在全社会推广，特别是在北京冬奥会的带动下，滑雪旅游度假区、冰雪景区、冰雪演出、冰雪商品、冰雪中介服务、冰雪传媒、冰雪装备制造、冰雪创意、冰雪房地产等将成为未来产业资本重点投资、大众创业创新的领域。

（四）冰雪旅游目的地从竞争走向合作，差异化、特色化成为冰雪目的地定位的新方向

东北地区将进一步巩固长距离游客第一选择的龙头地位，特别是吉林和黑龙江将联合营销东北冰雪旅游产品，从区域内部竞争走向联合发展。北京、

河北将更紧密合作进行冬季奥运会冰雪旅游联合营销，河北张家口加速从小众滑雪发烧友市场向大众冰雪旅游市场转变，通过丰富冰雪旅游产品，除了吸引北京的客源外，努力向天津、长三角、珠三角等潜在客源地扩展，积极打造高端、中等、经济三个层次的冰雪旅游细分市场。北京将借助奥运契机，发展更多高标准冰雪旅游产品，积极满足本地市场需求。内蒙古和新疆等冰雪资源富集区将通过将冰雪资源与本地民族特色文化、优美自然风光相结合，联合开展"丝绸之路"冰雪旅游带开发，这两地将成为众多潜在游客的冰雪旅游新选择。

（五）冰雪旅游产品种类将更加丰富，更多民俗、运动、时尚、科技元素将融入我国冰雪产品创意

通过对我国冬季冰雪旅游时游客主要动机调查显示，"冰雪＋运动""冰雪＋时尚""冰雪＋民俗""冰雪＋文化""冰雪＋科技"等相结合的产品更加契合冰雪旅游者的需求，而且旅游者对当地特色的美食、文艺、生活体验也有一定程度的需求（见图2－4）。未来各地会将更多民俗、运动、时尚、科技元素融入我国冰雪产品的创意开发中，除了重点开发满足女性市场的冰雪旅游产品外，设计更多符合少年儿童、老年人和家庭游客需求的冰雪旅游产品已成为必然。

动机	比例
冰雪运动（滑雪、雪地越野、攀爬冰岩）	66.3%
赏雪活动（观雪景、看雾凇、冰溜、冰瀑等）	64.4%
冰雪主题节庆活动（冰灯节、冰雕节、雾凇节、滑雪节）	63.8%
娱雪活动（滑雪橇、滑雪船、雪地拔河、雪地摩托等）	55.6%
北方美食体验（涮羊肉、羊蝎子、东北乱炖、灶台鱼等）	47.7%
北方传统民俗观礼（冬捕、冬猎、祭祖、嫁娶等）	30.7%
北方文艺欣赏（少数民族歌舞、东北二人转、扭秧歌等）	21.8%
北方生活体验（火炕等）	20.6%
中国-俄罗斯边境文化	13.1%
中国-朝鲜边境文化	9.1%
中国-哈萨克斯坦边境文化	6.3%

图2－4　2017～2018年冰雪季冰雪旅游的主要动机

（六）冰雪研学旅行将成为冰雪旅游细分市场新热点

中小学研学旅行是通过集体旅行、集中食宿方式开展的研究性学习和旅行体验相结合的校外教育活动，2016 年 12 月，教育部等 11 部门印发了《关于推进中小学生研学旅行的意见》，要求各地将研学旅行摆在更加重要的位置，推动研学旅行健康快速发展。冬季进行冰雪研学旅行既是在青少年中普及冰雪冬奥会知识的需要，也是增加对于国情、省情、市情以及乡土情等认识的需要，更是开阔眼界、强身健体、愉悦身心等的需要。随着教育部对研学旅行的高度重视和各地具体举措的落地，特别是黑龙江、吉林、张家口、北京等实施的将冰雪运动作为基本课程，免费滑雪、百千万青少年上冰雪等活动将极大地促进冰雪旅游在青少年中的普及，在冬季进行冰雪旅游将成为青少年的常态化研学方式。

（七）实现夏季避暑游和冬季冰雪游两季带动、四季繁荣成为众多冰雪旅游目的地的战略导向

冬夏气候旅游资源丰富的城市在继续强化夏季旅游开发的同时，以更大力度开发冰雪旅游，积极实现旅游发展的两季带动、四季繁荣。冰雪旅游企业也通过丰富夏、冬两季旅游产品，努力实现冬夏两季营收平衡。优美环境、洁净空气、便利生活设施、良好的景区管理品质、适宜的气候、浓郁的地方特色已成为冰雪城市冬夏两季旅游产品的主打。既重视硬件的国内一流水平，更重视软件服务的国际标准。一部分历史悠久冰雪旅游企业从早期"滑雪场经营＋地产销售"商业模式向冰雪旅游综合度假区经营模式转变。

（八）冰雪旅游城市更加重视品牌建设，更加重视城市空间中冰雪文化氛围的营造和有形载体的建设

未来，冰雪旅游目的地将更加注重品牌营销，注重从 IP 形象标志标识、冰雪吉祥物、冰雪歌曲等全方位进行营销，更加重视冰雪标志性建筑，如路

灯、酒店名称等冰雪文化的塑造。"冰雪"是冰雪旅游的核心资源及吸引物。调研显示，旅游者对于"冰雪魅力"的认知（见图2-5），主要集中在美丽、纯洁、透明、永恒、浪漫、速度、敬畏、雄伟、浓烈等关键词上，集中提炼成三要素：无邪（Innocent）、无界（Infinite）、无畏（Intrepid），即"3I模型"。无邪（Innocent），与美丽、纯洁、透明、永恒、浪漫等关键词相关，代表冰雪在旅游者心目中的整体形象。无界（Infinite），与雄伟等关键词相关，代表亚洲思维影响下的中国旅游者，对大尺度的空间感知强烈，同时更在意"人景合一"的意境、空旷之美。无畏（Intrepid），与速度、敬畏、浓烈等关键词相关，主要迎合对娱雪活动、冰雪运动有需求的不同类型旅游者。我国冰雪旅游城市在进行品牌形象定位、市场细分、传播元素遴选、冰雪文化有形载体的营造时，注重冰雪的"3I"特质和本地文脉、地脉相结合将是城市冰雪旅游品牌创建的发展趋势。

图 2-5　旅游者对于"冰雪魅力"的认知

（九）国家更加注重冰雪旅游发展质量，标准化和规范化发展是大势所趋

当前，我国冰雪旅游发展处于粗放发展阶段，正在积极实现扩大市场规模的阶段，原国家旅游局 2015 年出台的《旅游滑雪场质量等级划分》（LBT 037 - 2014）在全国没有推广，只有黑龙江省内实行，很多质量规范发展领域处于空白地带。未来，国家会更加注重冰雪旅游规范化、标准化发展，从注重规模向注重规模和质量协调推进方向转变。实施冰雪旅游服务质量标准化，推行冰雪旅游景区规范化，加快推进冰雪旅游人才培养、冰雪旅游专业设置、冰雪旅游课程研发和培训等方面的工作。

（十）更多国内游客将出境体验冰雪旅游产品

途牛旅游网大数据显示，去欧洲、日本、美国等滑雪旅游资源丰富国家开展冰雪旅游已经成为国内很多滑雪发烧友每年的必选项目。2016 年 11 月 ~ 2017 年 4 月，我国游客赴境外进行冰雪旅游预订排名前 5 位的国家是日本、法国、意大利、美国、瑞士，我国预订冰雪旅游目的地中排名前 5 位的城市是卢塞恩、日内瓦、札幌、赫尔辛基、斯德哥尔摩。2016 年 11 月 ~ 2017 年 4 月，我国去往境外进行冰雪游的主要客源地中，预订排名前 6 位的国内客源地城市是北京、上海、南京、天津、成都、深圳，一线城市成为境外冰雪旅游的主要客源地。在新冠肺炎疫情得到有效控制后，冰雪资源和温泉资源丰富的日本以及冰雪旅游老牌发达地区的欧洲、北美洲等冰雪旅游目的地加大对于我国出境旅游的促销力度，同时，随着我国冰雪文化的培育和国内旅游消费能力不断增强，出境进行冰雪旅游将成为一股不可阻挡市场力量。

第三章

我国冰雪旅游消费的大数据分析

一、新冠肺炎疫情发生前我国冰雪旅游消费特征和趋势

本章以《中国冰雪旅游消费大数据报告（2019）》[①] 为研究基础，分析新冠肺炎疫情发生前我国冰雪旅游消费的特征和趋势。伴随着 2022 年北京冬奥会的成功举办，我国冰雪旅游发展进入快车道，寒冬时节，来一场关于冰雪的旅游已经成为许多人的生活新方式。携程旅行网的预订数据显示，热门冰雪目的地的出行人数增长 145%，冰雪旅游市场还在逐步扩大。中国旅游研究院和携程旅行网大数据联合实验室根据携程的上万条冰雪旅游产品和千万级跟团游、自由行、定制游和门票玩乐数据，并结合线下门店预定情况，冰雪旅游预订数据的时间截至 2019 年 1 月底，发布了《中国冰雪旅游消费大数据报告（2019）》。

（一）冰雪旅游正成为"冰天雪地也是金山银山"的示范产业

2016 年 3 月，习近平总书记作出"冰天雪地也是金山银山"指示，全国冰雪旅游开启了波澜壮阔的篇章。习近平总书记关于冰雪经济系列重要论述已经成为冰雪旅游发展的行动纲领和科学指南。

中国旅游研究院冰雪旅游课题组测算显示，2017～2018 年冰雪季我国冰雪旅游人数达到 1.97 亿人次，冰雪旅游收入约合 3300 亿元，分别比 2016～2017 年冰雪季增长 16%、22%，预计到 2021～2022 年冰雪季，我国冰雪旅游人数将达到 3.4 亿人次，冰雪旅游收入将达到 6800 亿元，"三亿人参与冰

[①] 该报告由韩元军、魏黎民、彭亮等执笔。

雪运动"目标将超额完成。按照联合国世界旅游组织（UNWTO）的测算方式，2021～2022年冰雪季我国冰雪旅游将带动冰雪特色小镇、冰雪文创、冰雪运动、冰雪制造、冰雪度假地产、冰雪会展等相关产业的产值达到2.92万亿元，冰雪旅游具有巨大的投资前景。

（二）冰雪旅游每年的高峰在1～2月

每年11月后，中国的北方就开始大雪纷飞，冰雪旅游正式开启，一般会一直持续到来年4月。通过旅行社组团、自助游等方式，以观光的形式体验冰天雪地的壮美景色成为越来越多游客的选择。在为期6个月的冰雪主题游中，哪个时间段是冰雪游客的出行高峰？通过携程预订数据发现，冰雪旅游的出行高峰出现在1～2月，这两个月出行人数占期间总出行人数的54%，这是在元旦和春节期间，游客能够有充足的时间去领略北国风光。

（三）冰雪旅游目的地排行榜：东北地区品牌优势明显

根据携程跟团游和自由行的预订数据，2018年11月至2019年4月，人气最高的传统冰雪旅游目的地前十位分别是哈尔滨、海林"雪乡"、长白山、长春、尚志、乌鲁木齐、吉林市、牡丹江、张家口、兰州（见图3-1）。哈尔滨成为冰雪旅游人气最高的城市，其冬季平均积雪天数在105天左右，已经打造出冰雪大世界、冰灯游园会、雪雕游园会和国际冰雕等旅游产品。雪

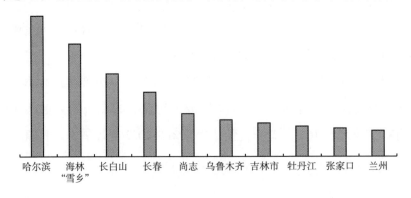

图3-1　2019年传统冰雪游人气目的地前十名

乡经过整改之后重新开园，再度迎来游客高峰。长白山凭借突出的冰雪和温泉资源成为高端游客出行的重要选择。

近年来，吉林省不断推进冰雪产业发展，已经打造一批吉林特色冰雪文化符号，根据 2019 年 1 月携程跟团游和自由行数据，前往吉林省的游客增长迅速，吉林市、长春和长白山游客增长均超过 100%。

去冰雪目的地旅行要多少钱？根据携程数据，前往长白山的价格最贵，为 4989 元，而前往沈阳的人均消费最低，为 2776 元，雪乡人均消费为 2877 元（见图 3 - 2）。

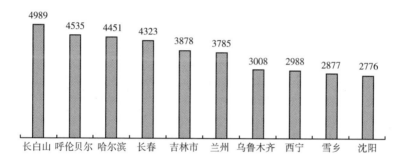

图 3 - 2 2019 年冰雪旅游目的地单次人均消费（单位：元）

（四）冰雪旅游占众多热门目的地全年旅游市场的一半

随着近年来东北地区大力发展冰雪产业，冰雪旅游已经成为众多城市的支柱。根据携程跟团游和自由行数据，前往"雪乡"海林和"亚布力"尚志的游客基本全来自 11 月至翌年 4 月，而哈尔滨的冰雪旅游也占到了全年旅游的 62%（见图 3 - 3）。

城市	占比（%）
海林	100
尚志	97
松原	75
哈尔滨	62
长春	33

图 3 - 3 东北地区冰雪旅游全年占比 TOP 5

（五）冰雪旅游客源地排行榜：冰雪游受南方人追捧

根据携程跟团游和自由行数据，2018 年 11 月至 2019 年 4 月，冰雪旅游二十大客源城市分别为上海、广州、北京、深圳、南京、杭州、武汉、南昌、贵阳、厦门、长沙、合肥、重庆、西安、南宁、成都、天津、济南、郑州和西宁（见图 3 – 4）。冰雪旅游对南方游客有着特别的吸引力，每年冬季前往北方观雪已经成为南方游客近年来的潮流。

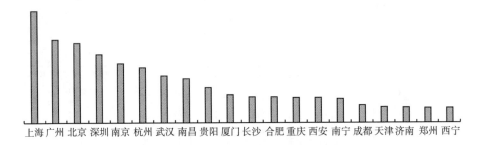

图 3 – 4　2018 年 11 月至 2019 年 4 月冰雪旅游客源城市 TOP 20

本书也根据客源城市的单次人均消费发布了榜单，其中桂林以人均消费 7069 元登上榜首，其余依次为烟台、珠海、深圳、温州、广州、上海、厦门、福州、西安、杭州、宁波、昆明、南京、合肥、成都、重庆、常州、武汉和苏州（见图 3 – 5），前二十名城市的单次人均消费达到了 3827 元。由于冰雪目的地主要集中在北方，交通成本使南方城市游客的旅游成本较高。

序号	出发城市	人均消费（元）	序号	出发城市	人均消费（元）
1	桂林	7069	11	杭州	3606
2	烟台	5029	12	宁波	3530
3	珠海	4634	13	昆明	3486
4	深圳	4512	14	南京	3060
5	温州	4159	15	合肥	3042
6	广州	4112	16	成都	3025
7	上海	3996	17	重庆	3023
8	厦门	3821	18	常州	3007
9	福州	3764	19	武汉	3007
10	西安	3713	20	苏州	2957

图 3 – 5　2018 年 11 月至 2019 年 4 月冰雪旅游客源城市单次人均消费榜

（六）选择冰雪跟团游的占比更高

根据携程跟团游和自由行数据，2019 年有 65% 的游客选择了冰雪跟团游（见图 3 - 6）。冰雪旅游相较于其他目的地的旅游会有一定特殊性，涉及的目的地较多，中途交通较为复杂，甚至会有一定的危险性，这对选择自由行的游客要求会更高，所以选择省心省力还有保障的跟团游，成为冰雪旅游的主流。

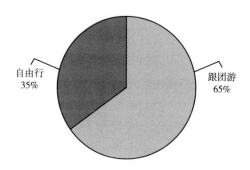

图 3 - 6　2019 年冰雪旅游出游类型分布

（七）线上预定依然是主流，门店销售快速增长

冰雪旅游的游客会通过什么方式来预定产品？根据携程跟团游和自由行数据，在线上预订冰雪旅游产品中仍然占主流，占比达到了 69%，但是今年线下渠道增长迅猛，游客通过线下门店中预订冰雪旅游产品的比例大大提高，已经占比达到了 31%（见图 3 - 7）。

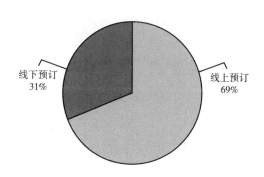

图 3 - 7　2019 年冰雪旅游预订方式占比

（八）"80后"是冰雪旅游主力，"00后"开始爱上冰雪游

冰雪旅游更强调游客的参与度、互动度，所以一直受到年轻人的青睐。根据携程跟团游和自由行预订数据，2018年12月至2019年4月，冰雪旅游的游客中"80后"占比最高达到了26%，年轻人是出行主力。"00后"以23%的占比位居其次，开始爱上冰雪旅游。如图3-8所示。

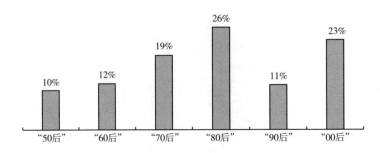

图3-8　2018年12月至2019年4月冰雪旅游年龄占比分布

（九）2019年"雪乡"游客画像：上海和广州游客最多

"雪乡"海林在2018年11月依旧保持着强劲的增长，喜爱前往雪乡的游客都来自哪里？携程旅游大数据显示，截至2019年1月底，上海、广州、深圳、杭州、南京、北京、长春、合肥、厦门、西安成为"雪乡"旅游十大跨省份游客源城市。其中长三角地区、珠三角地区的市民最为踊跃。从数据上来看，雪乡的别致风景更能吸引南方人。如图3-9所示。

序号	出发城市	人均消费（元）
1	上海	3674
2	广州	4227
3	深圳	4896
4	杭州	4439
5	南京	3426
6	北京	2782
7	合肥	3326
8	厦门	3621
9	南宁	4134
10	西安	3821

图3-9　2018年11月至2019年4月"雪乡"旅游十大客源城市和人均消费

（十）2019 年长白山游客画像：深圳人最舍得花钱

吉林的长白山同样也是冰雪旅游的热门目的地，特别是对于南方人来说，他们对北方的大山大河鲜有机会了解。有哪些外省人喜欢去长白山？根据携程跟团游和自由行数据，长白山的十大客源城市分别是上海、杭州、广州、南京、深圳、青岛、北京、天津、沈阳和大连，其中深圳和广州的人均消费最高，均超过 6000 元。如图 3 - 10 所示。

序号	出发城市	人均消费（元）
1	上海	4798
2	杭州	4665
3	广州	6072
4	南京	5222
5	深圳	6145
6	青岛	2482
7	北京	4233
8	天津	4014
9	沈阳	2239
10	大连	2924

图 3 - 10　2018 年 11 月至 2019 年 4 月长白山旅游十大客源城市和人均消费

（十一）2019 年张家口的游客画像：北京游客周边游热门目的地

冬季到张家口去滑雪，感受不一样的冬奥氛围、冬奥文化，已逐渐成为北京滑雪爱好者的共识，特别是崇礼的雪场，雪道质量好，训练设施也到位，无论是对爱好者或是专业人士，都能够满足其需求。根据携程跟团游和自由行数据，张家口旅游的十大客源城市是北京、上海、广州、济南、深圳、南京、武汉、石家庄、杭州和福州。如图 3 - 11 所示。

序号	出发城市	人均消费（元）
1	北京	852
2	上海	3090
3	广州	3338
4	济南	2787
5	深圳	4245
6	南京	1851
7	武汉	2854
8	石家庄	2288
9	杭州	3055
10	福州	3594

图 3 – 11　2018 年 11 月至 2019 年 4 月张家口旅游十大客源城市和人均消费

（十二）2019 年乌鲁木齐的游客画像：更能吸引济南和武汉游客

新疆的异域雪景更能吸引哪些城市的游客？根据携程跟团游和自由行数据，乌鲁木齐的十大客源城市分别是广州、上海、南京、杭州、济南、武汉、北京、成都、西安和深圳。西安旅客更舍得花钱，人均消费达到了 5420 元。如图 3 – 12 所示。

序号	出发城市	人均消费（元）
1	广州	2320
2	上海	3925
3	南京	2380
4	杭州	3326
5	济南	2122
6	武汉	4440
7	北京	3342
8	成都	2240
9	西安	5420
10	深圳	2266

图 3 – 12　2018 年 11 月至 2019 年 4 月乌鲁木齐旅游十大客源城市和人均消费

（十三）冰雪旅游十大热门线路公布

2019 年热门的冰雪旅游路线仍以东北地区为主，而新疆和内蒙古的线路首次进入榜单，标志着新兴冰雪目的地的崛起。根据携程跟团游和自由行数据，冰雪线路人气排名前十位分别是"哈尔滨＋雪乡"5日跟团游、大连4日自由行、"长春＋长白山"5日4晚跟团游、"哈尔滨＋亚布力"滑雪旅游度假区5日4晚自由行、沈阳3日自由行、"吉林市＋长白山＋敦化"5日4晚跟团游、"哈尔滨＋漠河"5日4晚跟团游、"北京＋张家口＋崇礼区＋坝上＋乌兰布统＋古北水镇"5日4晚跟团游、"乌鲁木齐＋天山天池＋喀纳斯＋禾木风景区"6日5晚跟团游和"呼伦贝尔＋根河＋漠河＋额尔古纳＋满洲里"8日自由行。如图3-13所示。

排名	目的地省份	线路
1	黑龙江	"哈尔滨+雪乡"5日跟团游
2	辽宁	大连4日自由行
3	吉林	"长春+长白山"5日4晚跟团游
4	黑龙江	"哈尔滨+亚布力"滑雪旅游度假区5日4晚自由行
5	辽宁	沈阳3日自由行
6	吉林	"吉林市+长白山+敦化"5日4晚跟团游
7	黑龙江	"哈尔滨+漠河"5日4晚跟团游
8	河北	"北京+张家口+崇礼区+坝上+乌兰布统+古北水镇"5日4晚跟团游
9	新疆	"乌鲁木齐+天山天池+喀纳斯+禾木风景区"6日5晚跟团游
10	内蒙古	"呼伦贝尔+根河+漠河+额尔古纳+满洲里"8日自由行

图 3-13　冰雪线路人气排名前十位的省份

（十四）温泉、民俗、美食成为冰雪旅游的重要选项，"冰雪＋温泉""冰雪＋民俗""冰雪＋美食"的冰雪套餐受热捧

前往冰雪目的地泡温泉，感受冰火带来的双重刺激，正成为游客近年来消费的热点。根据携程门票平台数据，冰雪目的地人气最高的十大温泉分别是花溪地温泉生态乐园、国信南山温泉、清河半岛温泉、关东文化园、成园温泉山庄、御龙温泉、美丽岛温泉、宾县英杰温泉、浴龙谷温泉度假村和弓长岭温泉滑雪场。其中辽宁省在温泉旅游建设上更为完善，在榜单上占据了

五席名额。如图 3 - 14 所示。

排名	温泉	省份
1	花溪地温泉生态乐园	辽宁
2	国信南山温泉	吉林
3	清河半岛温泉	辽宁
4	关东文化园	吉林
5	成园温泉山庄	辽宁
6	御龙温泉	吉林
7	美丽岛温泉	黑龙江
8	宾县英杰温泉	黑龙江
9	浴龙谷温泉度假村	辽宁
10	弓长岭温泉滑雪场	辽宁

图 3 - 14　冰雪目的地人气最高的十大温泉排名

旅行社针对游客的新需求，推出了温泉和滑雪的套餐，受欢迎程度也非常高。以携程平台上"亚布力滑雪旅游度假区＋亚布力森林温泉一日游"套餐产品为例，出行人数超千人，价格在 400～500 元。

根据中国旅游研究院冰雪旅游课题组的消费者调查数据，旅游者对于当地特色的民俗、美食、文艺和生活体验有着强烈的需求，同时体验冰雪项目和民俗活动的游客比例达到 64%，很多年轻人可以为了一顿美食、一个网红餐厅而去一个城市旅游，"冰雪＋温泉""冰雪＋民俗""冰雪＋美食"成为深受游客追捧的冰雪套餐。

（十五）冰雪旅游景区热度榜：西岭雪山人气最高

冬季飘雪让国内诸多景区焕发新颜，有些景区因为冰雪成名，有些景区则在冬季呈现出别样的魅力。根据携程门票平台数据，2019 年人气最高的十大冰雪景区分别是西岭雪山、黄山、玉龙雪山、天山天池、雪乡、长白山景区、峨眉山、净月潭、梅里雪山和北极村。如图 3 - 15 所示。

排名	景点	城市
1	西岭雪山	成都
2	黄山风景区	黄山
3	玉龙雪山	丽江
4	天山天池	昌吉
5	雪乡	海林
6	长白山景区	白山
7	峨眉山	峨眉山
8	净月潭	长春
9	梅里雪山	迪庆
10	北极村	漠河

图 3 - 15　2019 年人气冰雪景区 TOP 10

（十六）南北雪场大比拼：南山和西岭雪山的人气高

滑雪运动是冰雪旅游的核心项目之一，但相较于其他国家，中国人的滑雪普及程度并不高。奥地利滑雪人口占比 36%，人均滑雪次数 5.9 次，日本滑雪人口占比 9%，人均滑雪次数 2.5 次，而中国滑雪人口只占比 1%，人均滑雪次数也只有 1.08 次。随着"三亿人上冰雪"政策的发布以及冬奥会带来的利好形势，滑雪运动正式进入发展的快车道。

北方滑雪由于起步早、地理环境好，集中了国内最为优秀的雪场。根据携程门票平台数据，2019 年，北方人气最高的十五大雪场分别是南山滑雪场、怀北国际滑雪场、军都山滑雪场、陶然亭企鹅冰雪嘉年华、白鹿原滑雪场、亚布力新体委滑雪场、莲花山滑雪场、静之湖滑雪场、万龙滑雪场、万龙八易滑雪场、蓟州国际滑雪场、大连铭湖国际温泉滑雪度假区、万科石京龙滑雪场、万达长白山国际滑雪场和青岛崂山北宅高山滑雪场。如图 3 - 16 所示。

南方少雪，建造滑雪场的成本会更加高昂，可即使这样，南方仍然拥有一批能够与北方媲美的滑雪场，让南方游客不用去北方，便可在南方的滑雪场尽情享受穿林破雪的感官刺激。根据携程门票平台数据，2019 年，南方十五大人气雪场分别是西岭雪山、大明山万松岭滑雪场、金佛山、江南天池滑雪场、太子岭滑雪场、绍兴乔波滑雪世界、鹧鸪山自然公园滑雪场、神农架

序号	景点名称	城市
1	南山滑雪场	北京
2	怀北国际滑雪场	北京
3	军都山滑雪场	北京
4	陶然亭企鹅冰雪嘉年华	北京
5	白鹿原滑雪场	西安
6	亚布力新体委滑雪场	尚志
7	莲花山滑雪场	北京
8	静之湖滑雪场	北京
9	万龙滑雪场	张家口
10	万龙八易滑雪场	北京
11	蓟洲国际滑雪场	天津
12	大连铭湖国际温泉滑雪度假区	大连
13	万科石京龙滑雪场	北京
14	万达长白山国际滑雪场	抚松
15	青岛崂山北宅高山滑雪场	青岛

图 3 - 16　2019 年北方人气滑雪场 TOP 15

国际滑雪场、世界之窗阿尔卑斯冰雪世界、九宫山滑雪场、徐州大景山滑雪场、商量岗滑雪场、观音堂滑雪场、万达长白山国际滑雪场和广元曾家山滑雪场。如图 3 - 17 所示。

序号	景点名称	城市
1	西岭雪山	成都
2	大明山万松岭滑雪场	临安
3	金佛山	重庆
4	江南天池滑雪场	安吉
5	太子岭滑雪场	茂县
6	绍兴乔波滑雪世界	绍兴
7	鹧鸪山自然公园滑雪场	理县
8	神农架国际滑雪场	神农架
9	世界之窗阿尔卑斯冰雪世界	深圳
10	九宫山滑雪场	咸宁
11	徐州大景山滑雪场	徐州
12	商量岗滑雪场	宁波
13	观音堂滑雪场	安吉
14	万达长白山国际滑雪场	抚松
15	广元曾家山滑雪场	广元

图 3 - 17　2019 年南方人气滑雪场 TOP 15

2018 年 12 月 6 日，携程国内玩乐平台在北京举行的冬季滑雪项目发布会上，宣布"携程 3 亿用户滑雪计划"正式启动。与此同时，将继续完善门票线上购买体验、平台系统技术支持，进行线上线下全域营销，以及和政府机构达成深度合作，撬起冬季滑雪市场，为更多滑雪爱好者提供一站式服务，以更好地迎接滑雪产业的黄金十年。

（十七）南方冰雪世界人气爆棚

南方虽然受限于气候特点，给冰雪运动的开展带来了极大挑战，但为了在无降雪的天气条件下也可以全年体验冰雪乐趣，南方更多城市建造了质量非常高的冰雪乐园，让更多的游客感受到冰雪乐趣。2019 年，哈尔滨冰雪大世界仍是最火爆的冰雪乐园，稳居第一。深圳的世界之窗阿尔卑斯冰雪世界紧随其后，由第四位跃居为第二位人气冰雪乐园。南方城市一共有 5 个景区入围人气冰雪乐园前十名。如图 3 - 18 所示。

序号	景区	城市
1	哈尔滨冰雪大世界	哈尔滨
2	世界之窗阿尔卑斯冰雪世界	深圳
3	银基冰雪世界	新密
4	棋盘山冰雪大世界	沈阳
5	越美冰雪大世界	广州
6	石林冰雪海洋世界	昆明
7	智旅冰雪乐园	上海
8	净月雪世界	长春
9	东风湖冰雪大世界	本溪
10	南极岛冰雪乐园	常州

图 3 - 18　2019 年人气冰雪乐园 TOP 10

（十八）个性化旅游成为新潮流

随着冰雪旅游的发展，安全与舒适成为出行讨论的重点。越来越多带娃出行的父母面对安全问题，定制游成了冰雪出行的最佳解决方案之一。根据携程定制游数据，2018 年 11 月至 2019 年 4 月，冰雪定制游增长 150%，其中亲子人群占比最高，达到了53%（见图3-19）。定制师能够根据游客具体需求，安排目的地行程，也会根据目的地的安全隐患提前与客人沟通，最大可能地规避出行期间会发生的意外。

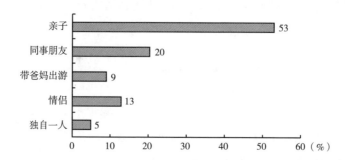

图3-19　2018年11月至2019年4月冰雪定制游出行游伴分布

对于冰雪旅游的自由行客人，请一个当地向导去深度体验特色项目已经成为一种新潮流。根据携程当地向导平台数据，2018年11月至2019年4月，当地向导在冰雪目的地的预订单量增长了3倍，其中最热门的5个目的地是白山、哈尔滨、海林、漠河和尚志。而这些向导能够带客人体验东北菜、喂食驯鹿、冬捕、泼水成冰等冷门项目。如图3-20所示。

服务亮点	目的地城市
进入地道的本地人家，学做东北菜	哈尔滨
采摘东北水果之王	漠河
向导带领喂食驯鹿	漠河
专业滑雪教练带领滑雪	哈尔滨
真实体验冬捕	哈尔滨
体验泼水成冰	漠河

图3-20　2018年11月至2019年4月冰雪目的地的服务亮点

（十九）冰雪出境游成冬季主流　日本人气遥遥领先

近年来，冰雪出境游日益流行，根据携程跟团游和自由行数据，2019年最受中国游客青睐的冰雪旅游目的地国家分别是日本、瑞士、俄罗斯、芬兰、美国、法国、瑞典、冰岛、挪威、奥地利。日本以优越的地理环境和丰富的冰雪资源，人气遥遥领先。人气最高的前十名冰雪目的地分别是北海道（日本）、因特拉肯（瑞士）、雷克雅未克（冰岛）、赫尔辛基（芬兰）、贝加尔湖（俄罗斯）、罗瓦涅米（芬兰）、阿拉斯加（美国）、青森（日本）、斯德哥尔摩（瑞典）、日内瓦（瑞士）（见图 3 - 21）。

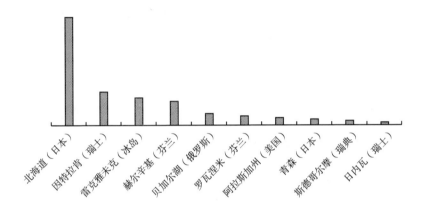

图 3 - 21　2019 年人气最高的境外冰雪游目的地前十名

（二十）冰雪出境游平均花费万元，南方人最爱去北海道看雪

出境冰雪游价格不菲？携程 2018～2019 年预订数据显示，我国游客赴境外进行冰雪旅游的平均花费约 10000 元，冰雪游中包含滑雪、赏极光、极地游的旅游产品最贵，价格在 1.5 万～70 万元，其中，南极游人均花费 11 万元，最高个人花费 64 万元直飞南极点。

以热门目的地北海道为例，携程 2018～2019 年预订数据显示，南方人最爱去北海道看雪，上海、北京、深圳、广州、成都、武汉、重庆、杭州、大连、西安排名出发城市前十名（见图 3 - 22）。札幌、函馆、登别、洞爷湖、小樽、旭川、富良野等目的地最受中国游客喜爱。从年龄来看，"80 后""70后"亲子家庭最喜欢北海道冰雪游，其中"80 后"人群占比最高，为 32%；近四成是亲子出游。

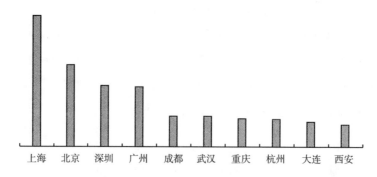

图 3 – 22　2018～2019 年冬季北海道冰雪游出发城市 TOP10

二、新冠肺炎疫情防控常态化下我国冰雪旅游消费的特征与趋势

该部分以《中国冰雪旅游消费大数据报告（2022）》① 为基础，分析新冠肺炎疫情防控常态化下我国冰雪旅游消费的特征和趋势。2022 年北京冬奥会成功举办，国内冰雪旅游迎来新热潮。随着冰雪旅游进入高质量发展新阶段，冰雪旅游在空间格局、市场结构、游客行为、产品创新、目的地发展、文旅融合等方面呈现新特征、新趋势。

中国旅游研究院和马蜂窝自由行大数据联合实验室根据马蜂窝旅游交易平台数据，并结合中国旅游研究院大数据调查平台，通过用户画像、搜索指数、互动指数、项目热度等维度的大数据挖掘，解析我国冰雪旅游市场的新特征、新趋势，并据此洞察和预测冰雪旅游未来的消费特征，形成了《中国冰雪旅游消费大数据报告（2022）》。

（一）北京冬奥会激发冰雪旅游热情，"三亿人上冰雪"成为现实

2022 年北京冬奥会的成功举办极大地激发了人们参与冰雪旅游的热情。

---

① 该报告由韩元军、张幼萍、孙云蕾等执笔。

中国旅游研究院 2021～2022 年冰雪季的旅游专项调查显示，71.7%的游客会在北京冬奥会激励下不改变或者增加冰雪旅游的消费，有 68.4% 的游客十分确定会受北京冬奥会影响增加冰雪旅游的次数。在北京冬奥会、冰雪出境旅游回流、旅游消费升级以及冰雪设施全国布局等供需两方面刺激下，全国冰雪休闲旅游人数从 2016～2017 年冰雪季的 1.7 亿人次增加到 2020～2021 年冰雪季的 2.54 亿人次，2021～2022 年冰雪季我国冰雪休闲旅游人数达到 3.44 亿人次，我国冰雪休闲旅游收入达到 4740 亿元。

（二）东三省冰雪优势明显，北京、河北因为冬奥会热度高，浙江靠"滑雪＋温泉民宿"留住度假者

中国旅游研究院研究数据显示，黑龙江、吉林、北京、湖北、浙江、新疆、四川、辽宁、河北、广东在 2021～2022 年冰雪季冰雪旅游热门省份中居于榜单高位（见图 3－23）。在带动"三亿人参与冰雪运动"和 2022 年北京冬奥会的双重利好地推动下，国内冰雪旅游持续发展。哈尔滨冰灯游园会是中国冰灯艺术的发源地，是哈尔滨冰雪文化艺术的一张靓丽名片，成为全国游客冬季打卡的"大热门"。吉林的查干湖冬捕，早在辽金时期就享有盛名，祭湖、醒网、凿冰、撒网，数万斤鲜鱼脱冰而出，极富民族特色，是冰雪旅游体验的不二之选。值得注意的是，浙江不仅有杭州的西湖"断桥赏雪"、临安大明山滑雪场、安吉江南天地滑雪场、绍兴乔波冰雪世界，还凭借网红温泉民宿、异域建筑风格小木屋、古镇风光等，实力"圈粉"了不少亲子家庭游客，来这里享受冬季山水丛林慢生活。

01 黑龙江	06 新 疆
02 吉 林	07 四 川
03 北 京	08 辽 宁
04 湖 北	09 河 北
05 浙 江	10 广 东

图 3－23 2021～2022 年冰雪季热门省份前十名

（三） 华中、西北地区冰雪旅游热度呈逐步增长态势

随着 2022 年北京冬奥会的成功举办，冰雪旅游逐渐升温，东北地区和华北地区热度最高，华东地区紧随其后。中国旅游研究院研究数据显示，2021 ~ 2022 年冰雪季东北地区冰雪旅游热度占比为 30%，仍保持着绝对优势。黑龙江的哈尔滨冰雪大世界、圣索菲亚大教堂、北极村、亚布力滑雪旅游度假区、雪谷、松花江、太阳岛风景区，吉林的雾凇岛、长白山天池等景区，每年吸引了不少游客。华北地区同样获得了不少游客的青睐，热度排名最高的有内蒙古呼伦贝尔大草原、阿尔山国家森林公园、河北崇礼的太舞滑雪小镇、万龙滑雪场、富龙滑雪场等。值得注意的是，2019 ~ 2022 年华中地区冰雪旅游热度占比上涨 3%，西北地区占比上涨 4%，主要是因为湖北神农架国际滑雪场、河南银基冰雪世界、新疆丝绸之路国际滑雪场、赛里木湖，以及阿勒泰的禾木村、喀纳斯湖、将军山滑雪场等景区热度增长。如图 3 - 24 所示。

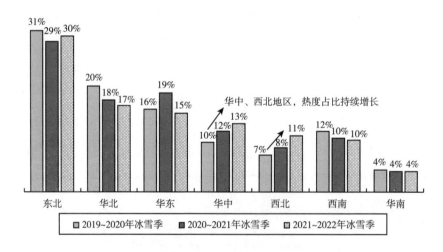

图 3 - 24   2019 ~ 2022 年冰雪季各区域热度分布

（四） 大众冰雪观光和滑雪休闲度假模式均衡发展，冰雪资源丰富、交通便利、商业设施完善的冰雪旅游目的地受游客喜爱

近年来，随着大众冰雪运动广泛开展，越来越多的游客在周末和长假期

开启冰雪之旅，交通便利、商业设施完善的冰雪旅游目的地受到游客喜爱，冰雪资源集中、美好生活元素集聚、城市品牌响亮等成为吸引冰雪旅游的重要因素。中国旅游研究院研究数据显示，哈尔滨成为游客喜爱的冰雪旅游首选目的地，2021～2022年游客喜爱的冰雪旅游目的地前十名分别是哈尔滨、牡丹江、张家口、伊春、保定、沈阳、乌鲁木齐、阿勒泰地区、长春、长白山保护开发区（见图3－25）。

图3－25　2021～2022年冰雪季冰雪旅游热门城市TOP10

（五）冰雪旅游助推乡村经济振兴，小众目的地实力"圈粉"

中国旅游研究院研究数据显示，2021～2022年冰雪季冰雪旅游热门区县乡镇目的地中，热度最高的是黑龙江"雪乡"，这片银装素裹的童话世界里，好像总是藏着城市里无法企及的纯净与神秘。住一次具有当地特色的木刻楞、玩一次雪原穿越、合影"雪蘑菇"、打卡影视《闯关东》和《北风那个吹》的取景地、看《爸爸去哪儿》里那个呆萌可爱的傻狍子，都是"雪乡"不容错过的体验。热门区县乡镇排名第二、第三的分别是浙江安吉、河北崇礼。黑龙江亚布力、江西庐山、黑龙江漠河、四川峨眉山、内蒙古阿尔山、天津蓟县、浙江桐庐位列第四至第十名。"匡庐奇秀甲天下"的庐山以雄、奇、险、秀闻名于世，云海、雪淞和雾淞是其冬季"三美"，为冰雪季的江西庐山吸引了众多游客。如图3－26所示。

排名	区县乡镇	城市	省份	排名	区县乡镇	城市	省份
1	"雪乡"	牡丹江	黑龙江	11	延吉	延边	吉林
2	安吉	湖州	浙江	12	古北水镇	北京	北京
3	崇礼	张家口	河北	13	延庆	北京	北京
4	亚布力	哈尔滨	黑龙江	14	临安	杭州	浙江
5	庐山	九江	江西	15	九寨沟	阿坝	四川
6	漠河	大兴安岭	黑龙江	16	可可托海	阿勒泰	新疆
7	峨眉山	乐山	四川	17	喀纳斯	阿勒泰	新疆
8	阿尔山	兴安盟	内蒙古	18	武隆	重庆	重庆
9	蓟县	天津	天津	19	腾冲	保山	云南
10	桐庐	杭州	浙江	20	禾木	阿勒泰	新疆

图 3 – 26　2021～2022 年冰雪季热门区县乡镇 TOP 20

（六）传统和时尚冰雪文化特色突出，玩出不一样的新奇体验

传承和发展中国传统冰雪文化，对凝聚民族深厚情感、实现民族文化认同、增强民族文化自信具有积极作用。中国冰雪文化源远流长，冬捕、冰雕、狗拉雪橇、"轱辘冰""背冰亮膘"、冰嬉、传统冰雪节等都是传承经典的冰雪文化活动，这些文化活动在冰雪旅游发展中发挥了重要作用。随着冰雪与科技、时尚、康养、体育等融合加深，现代的冰雪时尚文化越来越受青少年欢迎。调查显示，游客喜爱的"2022 年冰雪经典创新项目"（10 个）是大雪时节采头冰（黑龙江哈尔滨）、什刹海溜冰（北京）、松江赏雾凇（吉林省吉林）、元宵围火滚冰（黑龙江木兰）、断桥赏雪（浙江杭州）、冰灯游园会（黑龙江哈尔滨）、毛皮板滑雪（新疆阿勒泰）、冰雪那达慕（内蒙古）、雪域高原泡藏药温泉（西藏羊八井）、雪山下泡温泉（四川海螺沟）（见图 3 – 27）；"2022 年冰雪时尚创新项目"是漠河找北（黑龙江漠河）、雪乡跳雪（黑龙江牡丹江）、雪地摇滚（河北崇礼）、米堆冰川探险（西藏林芝）、冬季英雄会（内蒙古呼伦贝尔）、禾木冰雪摄影（新疆喀纳斯）、冰雪光影秀（新疆阿勒泰）、首钢冰雪汇（北京石景山）、雪地火锅（重庆）、松花江冰

雪嘉年华（黑龙江哈尔滨）（见图 3 – 28）。

采头冰（黑龙江哈尔滨）	冰灯游园会（黑龙江哈尔滨）
什刹海溜冰（北京）	毛皮板滑雪（新疆阿勒泰）
松江赏雾凇（吉林省吉林）	冰雪那达慕（内蒙古）
元宵围火滚冰（黑龙江木兰）	雪域高原泡藏药温泉（西藏羊八井）
断桥赏雪（浙江杭州）	雪山下泡温泉（四川海螺沟）

图 3 – 27　2022 年冰雪经典创新项目

漠河找北（黑龙江漠河）	禾木冰雪摄影（新疆喀纳斯）
雪乡跳雪（黑龙江牡丹江）	冰雪光影秀（新疆阿勒泰）
雪地摇滚（河北崇礼）	首钢冰雪汇（北京石景山）
米堆冰川探险（西藏林芝）	雪地火锅（重庆）
冬季英雄会（内蒙古呼伦贝尔）	松花江冰雪嘉年华（黑龙江哈尔滨）

图 3 – 28　2022 年冰雪时尚创新项目

（七）哈尔滨景区依然是冰雪季人气首选，自然、人文和娱乐休闲类景区火热

哈尔滨冰雪大世界是世界最大的冰雪主题游乐园，集天下冰雪艺术之精华，每一届都会有新的主题，园区内滑雪场、冰爬犁、超长滑梯等各式各样的冰上运动项目，到了晚上五颜六色的灯开放时，如同置身一个冰灯的童话世界，还有美轮美奂的歌舞秀，每年吸引着众多游客来体验。圣索菲亚大教堂是远东地区最大的东正教堂，也是哈尔滨现存的教堂中最著名、最精美的一座。吉林市松花江上的雾凇岛，因雾凇多且美丽而闻名，每到寒冬，去雾凇岛拍风光大片，受到大批摄影爱好者的追捧。如图 3 – 29 所示。

排名	景区名称	城市	省份
1	哈尔滨冰雪大世界	哈尔滨	黑龙江
2	圣索菲亚大教堂	哈尔滨	黑龙江
3	雾凇岛	吉林市	吉林
4	中央大街	哈尔滨	黑龙江
5	长白山天池	延安	吉林
6	北极村	大兴安岭	黑龙江
7	亚布力滑雪旅游度假区	哈尔滨	黑龙江
8	雪谷	哈尔滨	黑龙江
9	松花江	哈尔滨	黑龙江
10	太阳岛风景区	哈尔滨	黑龙江

图 3-29 2021~2022 年冰雪季东北地区最受欢迎景区前十名

（八）长白山"沉浸式冰雪之旅"打造冬季新生活方式，新晋小众玩法成冰雪旅游新风潮

调研发现，年轻消费者对征战世界级专业滑道、驾驶雪地摩托、沉浸式体验野性而原始的狩猎文化、冰雪徒步穿越探险等惊险刺激的玩法感兴趣；同时，雪山脚下泡火山温泉、乘着皮筏赏雾凇来一次魔幻漂流对年轻女性也极具吸引力。浪迹雪国，怎能错过长白山，在高山蓝绸间感受圣洁的天池仙境，来一趟奢侈的漂流，漂在农夫山泉高端线的水源之上，享受缓急节奏和沿途的雾凇奇观；驾驶雪地摩托，穿越雪丘，穿越茫茫白桦林，体验滑雪之外的另一番激情与挑战共进的驭雪乐趣；毡帽、皮衣、猎枪，还原老猎人传统的着装，跟着导猎员的脚步，沉浸式体验野性而原始的狩猎文化。"潮酷青年"活在当下，不愿辜负每一个周末时光，和一群志同道合的朋友，正引领着"冰雪游"新风潮。如图 3-30、图 3-31 所示。

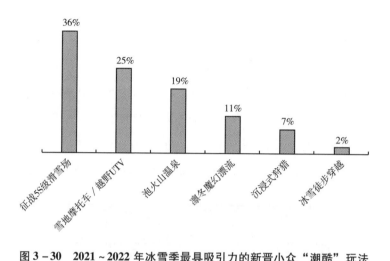

图 3 – 30　2021～2022 年冰雪季最具吸引力的新晋小众"潮酷"玩法

潮酷玩法	热门 POI
征战5S级滑雪场	长白山和平全季地形滑雪公园（和平滑雪场）、长白山红松王滑雪场、北景区森林野雪公园、鲁能胜地滑雪场、万达长白山国际度假区滑雪场
雪地摩托车 / 越野UTV	红石峰景区、鲁能胜地度假区、万达长白山国际度假区
泡火山温泉	长白山皇冠假日温泉酒店-天池汤泉、长白山蓝景温泉度假酒店-聚龙汤泉、天沐戴斯温泉酒店、万达长白山国际度假区——汉拿山温泉
凛冬魔幻漂流	长白山魔界旅游风景区、露水河长白山狩猎度假区矿泉漂流
沉浸式狩猎	露水河长白山狩猎度假区
冰雪徒步穿越	长白山峡谷浮石林景区——雪谷穿越、池南区老黑河蹦遗址——雪山穿越

图 3 – 31　2021～2022 年冰雪季长白山"潮酷玩法"热门 POI

（九）探秘冬季原始森林，惊叹大自然的鬼斧神工，湖北神农架成冰雪旅游消费者眼中的"南方最理想目的地之一"

中国旅游研究院研究数据显示，华中地区 2021～2022 年冰雪季热度高的旅游景区中，神农架国际滑雪场位居榜首，第 2～10 名分别是银基冰雪世界、莽山国家森林公园、天门山国家森林公园、恩施大峡谷、老君山风景名胜区、五峰国际滑雪场、张家界国家森林公园、湖南省博物馆、洛阳伏牛山滑雪度假乐园（见图3-32）。湖北神农架国际滑雪场是国内滑雪胜地之一，它位于神农架国家森林公园内，海拔高、雪质优、功能全等特点使之成为南方滑雪的理想目的地。有"华中屋脊"之称的神农顶风景区，有着得天独厚的气候环境，拥有不输北方的雪景和雪质，成为南方地区的高山冰雪乐园。对于徒步爱好者来说，探秘神农架无人区也是冬天最酷的事情，这里鲜有人烟又充满野趣，和热爱户外运动的朋友们一起欣赏景色，惊叹大自然的鬼斧神工，看原始森林中可爱的金丝猴穿行而过，都是其他地方所不能带来的新奇体验。

排名	景区名称	城市	省份
1	神农架国际滑雪场		湖北
2	银基冰雪世界	郑州	河南
3	莽山国家森林公园	郴州	湖南
4	天门山国家森林公园	张家界	湖南
5	恩施大峡谷	恩施	湖北
6	老君山风景名胜区	洛阳	河南
7	五峰国际滑雪场	宜昌	湖北
8	张家界国家森林公园	张家界	湖南
9	湖南省博物馆	长沙	湖南
10	洛阳伏牛山滑雪度假乐园	洛阳	河南

图3-32 2021～2022年冰雪季华中地区最受欢迎景区前十名

（十）西岭雪山特色冰雪游乐项目持续"火爆"，成为南方赏雪玩雪热门"打卡地"

中国旅游研究院研究数据显示，西南地区2021～2022年冰雪季热度最高的旅游景区分别是毕棚沟风景区、西岭雪山、达古冰川、布达拉宫、稻城亚丁景区、然乌湖、昆明融创雪世界、羊卓雍措、玉龙雪山、四姑娘山景区（见图3-33）。西岭雪山是成都第一峰，终年积雪不化，唐代大诗人杜甫盛赞此景，写下了"窗含西岭千秋雪，门泊东吴万里船"的绝句。景区除了开设滑雪场外，还有雪地摩托、全地形车、蛇形滑雪车等设施，形成了雪山飞伞、雪地滑车、雪爬犁、雪地越野车、溜索、雪地摩托等众多雪地游乐项目。

西岭雪山凭借众多特色冰雪游乐项目持续"圈粉"，成为南方冰雪游玩热门"打卡地"。

排名	景区名称	城市	省份
1	毕棚沟风景区	阿坝	四川
2	西岭雪山	成都	四川
3	达古冰川	阿坝	四川
4	布达拉宫	拉萨	西藏
5	稻城亚丁景区	甘孜	四川
6	然乌湖	昌都	西藏
7	昆明融创雪世界	昆明	云南
8	羊卓雍措	山南	西藏
9	玉龙雪山	丽江	云南
10	四姑娘山景区	阿坝	四川

图 3 - 33　2021～2022 年冰雪季西南地区最受欢迎景区 TOP 10

（十一）冬奥会推升"冰雪热"，华北地区花样玩法遍地开

在 2022 年北京冬奥会的推动下，华北地区迎来冰雪旅游热潮。内蒙古呼伦贝尔冬季的冰雪那达慕，丰富多彩的冰雪娱乐项目充分体现了民族文化特色，吸引了各地宾客相聚于此；冬季去秘境阿尔山看雾凇，在零下四十摄氏度也无法冰封的"不冻河"里玩漂流，打卡频频上榜的阿尔山火车站也是草原冰雪游的热门玩法。作为北京 2022 年冬奥会和冬残奥会上最受瞩目的竞赛项目之一，滑雪成为北京冬季最受欢迎的户外运动，坐落在北京及周边的各大优质滑雪场更是吸引了来自全国各地的玩家前来探访。南山滑雪场位于北京密云区，是集滑雪、滑道、攀冰等动感休闲运动项目为一体的冬季度假区，作为北京最具规模、滑雪设施及滑道种类最齐全的滑雪胜地，受到不少游客的喜爱。滑雪圣地张家口崇礼的太舞滑雪小镇、万龙滑雪场、富龙滑雪场等更是很多滑雪爱好者冬季首选目的地。2021～2022 年冰雪季华北地区最受欢迎景区前 10 名如图 3 - 34 所示，热门玩法如图 3 - 35 所示。

排名	景区名称	城市	省份
1	呼伦贝尔大草原	呼伦贝尔	内蒙古
2	南山滑雪场	北京	北京
3	太舞滑雪小镇	张家口	河北
4	万龙滑雪场	张家口	河北
5	颐和园	北京	北京
6	故宫	北京	北京
7	万年冰洞	忻州	山西
8	阿尔山国家森林公园	兴安盟	内蒙古
9	富龙滑雪场	张家口	河北
10	黑龙潭自然风景区	北京	北京

图 3 - 34 2021~2022 年冰雪季华北地区最受欢迎景区 TOP 10

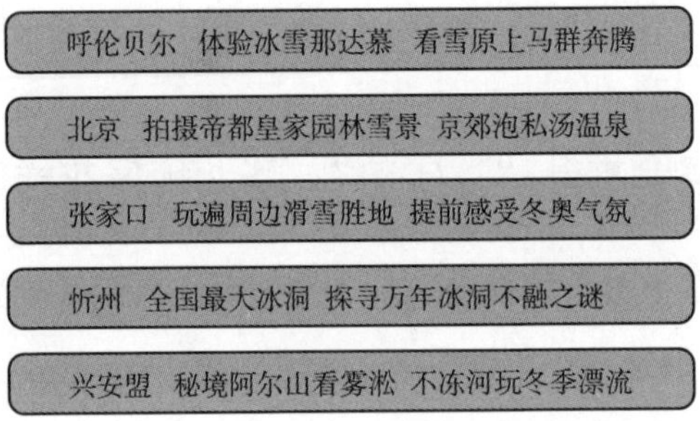

呼伦贝尔 体验冰雪那达慕 看雪原上马群奔腾

北京 拍摄帝都皇家园林雪景 京郊泡私汤温泉

张家口 玩遍周边滑雪胜地 提前感受冬奥气氛

忻州 全国最大冰洞 探寻万年冰洞不融之谜

兴安盟 秘境阿尔山看雾凇 不冻河玩冬季漂流

图 3 - 35 2021~2022 年冰雪季华北地区热门玩法

(十二)爆款民宿"带火""冰雪 + 乡村游",游客喜爱住特色民宿,静赏乡村古韵

华东地区 2021~2022 年冰雪季热度高的旅游景区分别是上海迪士尼度假区、黄山、桐庐生仙里国际滑雪场、云上草原高山旅游度假区、大明山景区、无锡融创雪世界、杭州西湖、宏村、篁岭和莫干山(见图 3 - 36)。作为"天下第一奇山"的黄山,冬季不仅有云海雾凇,更有火遍全网的爆款民宿,如大型文旅类民宿体验节目"民宿里的中国"中推荐的宏村旧街墨野黄山集舍民宿,民宿内定期举办非遗徽墨制作体验、烟花天灯、剪纸水灯、插花茶艺

等活动，打造徽州理想田园度假生活，成为网红打卡的首选地。由老油厂改造的黄山猪栏酒吧民宿，自然散落于徽州田间，也是享誉中外的乡村民宿，曾接待国际巨星朱丽叶·比诺什，钢琴家久石让也曾携家眷来此度假，更是让众多民宿爱好者慕名而来。除此之外，黄山也是多部著名影视的取景地，如《卧虎藏龙》《菊豆》《武林外传》等，每年吸引了不少游客来这里取景拍照。

排名	景区名称	城市	省份
1	上海迪士尼度假区	上海	上海
2	黄山风景区	黄山	安徽
3	桐庐生仙里国际滑雪场	杭州	浙江
4	云上草原高山旅游度假区	湖州	浙江
5	大明山景区	杭州	浙江
6	无锡融创雪世界	无锡	江苏
7	杭州西湖风景名胜区	杭州	浙江
8	宏村	黄山	安徽
9	篁岭	上饶	江西
10	莫干山国家级风景名胜区	湖州	浙江

图 3-36 2021~2022 年冰雪季华东地区最受欢迎景区 TOP 10

（十三）用不一样的方式，发现"丝绸之路"新玩法

我国西北地区滑雪历史悠久，文化韵味深厚，具有独特的民族风情和地域特色，新疆阿勒泰作为"人类滑雪起源地"、滑雪爱好者的天堂，以其天然降雪频繁、雪期早、雪期长、雪质好著称于世，是冬季冰雪旅游的热门目的地。世界文化遗产"丝绸之路"的人文资源，更是吸引了大量的旅游消费者前往新疆。中国旅游研究院研究数据显示，西北地区 2021~2022 年冰雪季热度高的旅游景区分别是"丝绸之路"国际滑雪场、赛里木湖、禾木村、天山天池风景区、喀纳斯湖、那拉提草原、新疆国际大巴扎、喀什老城、莫高窟、将军山滑雪场（见图 3-37）。冬季到新疆阿勒泰体验毛雪板滑雪、参加阿勒泰冰雪节、观看冰雪光影秀、拍摄人间仙境禾木村，旅行者正用不一样的方式，挖掘新疆"丝绸之路＋冰雪旅游"的新玩法。

排名	景区名称	城市	省份
1	丝绸之路国际滑雪场	乌鲁木齐	新疆
2	赛里木湖	博尔塔拉	新疆
3	禾木村	阿勒泰	新疆
4	天山天池风景区	昌吉	新疆
5	喀纳斯湖	阿勒泰	新疆
6	那拉提草原	伊犁	新疆
7	新疆国际大巴扎	乌鲁木齐	新疆
8	喀什老城	喀什	新疆
9	莫高窟	酒泉	甘肃
10	将军山滑雪场	阿勒泰	新疆

图 3 – 37　2021～2022 年冰雪季西北地区最受欢迎景区 **TOP 10**

（十四）暖冬也要玩雪，带娃养生两不误

每年到华南地区享受最温暖的冬天，全家一起去享受健康放松的温泉度假之旅，也是当下众多旅行者的生活方式。马蜂窝数据显示，华南地区 2021～2022 年冰雪季热度高的景区分别是广州融创雪世界、三亚千古情景区、深圳世界之窗、海陵岛、蜈支洲岛旅游风景区、涠洲岛、长鹿休博园度假区、古兜温泉小镇、珠海横琴长隆国际海洋度假区、神州半岛旅游度假区（见图 3 – 38）。广州融创雪世界是华南地区娱雪项目和雪道数量丰富的室内冰雪

排名	景区名称	城市	省份
1	广州融创雪世界	广州	广东
2	三亚千古情景区	三亚	海南
3	深圳世界之窗	深圳	广东
4	海陵岛	阳江	广东
5	蜈支洲岛旅游风景区	三亚	海南
6	涠洲岛	北海	广西
7	长鹿休博园度假区	佛山	广东
8	古兜温泉小镇	江门	广东
9	珠海横琴长隆国际海洋度假区	珠海	广东
10	神州半岛旅游度假区	万宁	海南

图 3 – 38　2021～2022 年冰雪季华南地区最受欢迎景区 **TOP 10**

场馆，既能让喜爱运动的年轻人享受滑雪的速度与激情，雪上飞碟、冰上碰碰车等娱乐项目又可以让南方的亲子人群在暖冬中感受到冰雪带来的乐趣。广东和海南的温泉度假区，同样是华南地区的热门目的地。

（十五）一、二线城市客源占比86%，北京、上海、广州、深圳仍是冰雪旅游消费的主力军

中国旅游研究院研究数据显示，北京、上海、广州、深圳等一线城市是最主要的冰雪旅游消费群体，其中，一线城市以36%稳居第一，新一线以35%紧随其后，二线城市也达到了15%，三者相加占比高达86%，他们的喜好影响着整个冰雪旅游市场的风向，如图3-39（a）所示。2021~2022年冰雪季冰雪旅游客源城市前十名分别是北京、上海、广州、深圳、杭州、成都、武汉、南京、重庆、天津，如图3-39（b）所示。每年冰雪季到京郊滑雪、泡私汤温泉、去北海公园滑冰、打卡黑龙潭绝美冰瀑，已经成为北京人近年来的潮流。

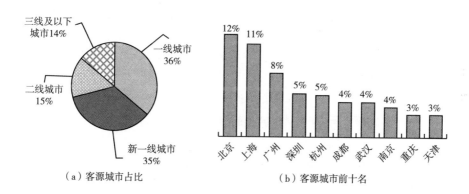

（a）客源城市占比　　　　　　（b）客源城市前十名

图3-39　2021~2022年冰雪季旅游人群客源城市占比及城市水平分布

注：TGI指目标人群较整体人群的偏好度，数值越大说明该目标人群相较总体人群的某一特征更明显，TGI =【目标群体】的某个特征值/【总体】的某个特征值×100。

（十六）冰雪旅游呈现"年轻化"趋势，"他"更爱消费

根据中国旅游研究院研究数据显示，2021~2022年冰雪季参与冰雪旅游

的用户中，女性占比较大，约占总人数的68%；而在冰雪旅游消费偏好度上，男性TGI指数达到了120，这意味着，男性更愿意为高品质的冰雪旅游买单（见图3-40）。在整体冰雪旅游消费人群中，"80后""90后"占比86%，人数依然庞大。值得注意的是，2021~2022年冰雪季参与冰雪旅游的"00后""90后""Z世代"人群总数占比60%，相较于2020~2021年冰雪季增长了2个百分点，年轻群体参与冰雪旅游比例逐渐提升，冰雪旅游呈现"年轻化"趋势（见图3-41）。

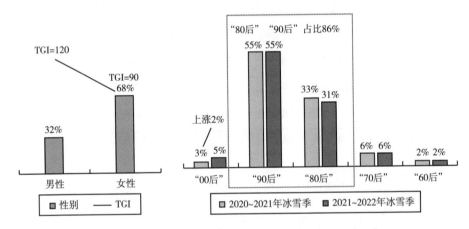

图3-40 2021~2022年冰雪季旅游消费人群性别分布

图3-41 2021~2022年冰雪季旅游消费人群年龄分布

（十七）"呼朋引伴"社交式轻旅行，燃爆冰雪季

中国旅游研究院研究数据显示，参与冰雪旅游的消费者中有39%渴望和志同道合的朋友结伴出行，显著高于和朋友结伴参与自驾游、周边游、红色旅游的比例，可见，冰雪旅游活动是当代年轻人非常喜爱的社交型娱乐休闲活动。此外，约28%的消费者选择和家人孩子一起踏上冰雪之旅，情侣冰雪游玩占比为18%，一个人出发的"独行侠"占比为13%（见图3-42）。从出行游玩天数来看，2021~2022年冰雪季0~3天的轻旅行占比48%，其中，1天内的旅行较2020~2021年冰雪季增长5%，2~3天的旅行较2020~2021年冰雪季增长11%（见图3-43）。不必舟车劳顿，在近郊也能玩出新花样，

"呼朋引伴"一起玩遍周边滑雪圣地，寒冷的冬天里和闺蜜享受康养温泉，周末带娃去公园滑冰，已经成为时下非常流行的冰雪旅游方式。

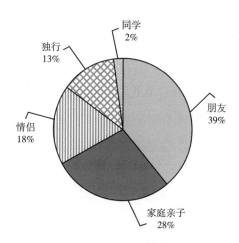

图 3 - 42　2021～2022 年冰雪季旅游出行结伴人群分布

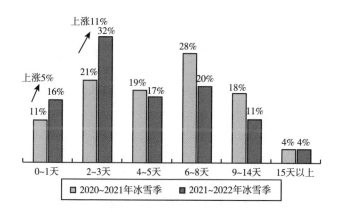

图 3 - 43　2021～2022 年冰雪季旅游人群出行天数分布

（十八）爱滑雪的"热血青年"，舍得花钱享受高品质

中国旅游研究院研究数据显示，在冰雪旅游主要开销上，旅行者愿意在住宿、滑雪、温泉上花更多钱，住宿消费在整体旅居花销中占比达 24%，其次是滑雪花销占比为 19%，温泉花销占比为 16%（见图 3 - 44）。近年来，

我国冰雪旅游发展迅速，在"三亿人上冰雪"活动口号引导下，冰雪活动的受众已经不仅限于冰雪运动和冰雪爱好者。滑雪、泡温泉已成为每年冰雪季里大众最喜爱的娱乐休闲活动。2021~2022年冰雪季从马蜂窝预订的滑雪旅游消费中，约四成游客旅行人均消费在5000元以上，其中20%的人均消费在万元以上（见图3-45）。这表明，爱滑雪的"热血青年"，舍得为更优质的住宿、更有特色的美味佳肴以及更高品质的滑雪体验买单。

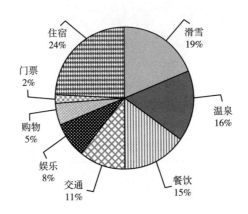

图3-44　2021~2022年冰雪季旅游主要开销分布

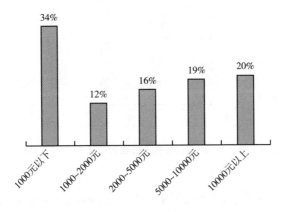

图3-45　2021~2022年冰雪季旅游人群人均花费分布

（十九）常态化冰雪旅游正成为生活习惯，周末出行渐成新潮流

中国旅游研究院研究数据显示，年轻化、短途轻旅游、周末结伴出行成

为冰雪旅游的重要趋势。2021～2022年冰雪季，参加和预订冰雪旅游的游客比例近90%，有约57%的游客参与过1～2次，还有23%的游客参与过3～4次，更有9%的游客参与了5次及以上的冰雪旅游活动（见图3-47）。从冰雪旅游消费人群出行时间来看，2021～2022年冰雪季约有43%的消费者会选择在工作日、年休假等时间段进行冰雪活动，还有30%的消费者选择在周末出行，26%的消费者更愿意等到寒假、春节（见图3-46）。

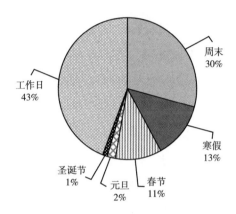

图3-46　2021～2022年冰雪季旅游人群出行时间分布

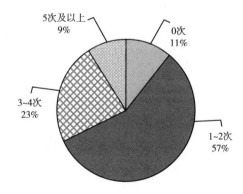

图3-47　2021～2022年冰雪季参与冰雪旅游次数分布

第四章

我国冰雪旅游投融资分析[*]

本章主要以 2020～2021 年冰雪季为例，分析我国冰雪旅游投融资的情况，以期发现我国冰雪旅游投融资的发展规律。2020 年，新冠肺炎疫情打断了很多产业、行业的惯性发展进程，对于需求弹性高、对运营环境极度敏感的旅游业来说，疫情的影响更是直接而巨大，2020 年上半年我国旅游业的整体收入规模降幅近八成。而 2022 冬奥会前全力蓄势的冰雪旅游业，于 2019～2020 年雪季体会到了彻骨冰寒，全国上千家滑雪场、冰场、冰雪小镇、景区及冰雪主题度假区在这个冰雪旅游旺季里"望雪兴叹"。

2020～2021 年雪季已经到来，行业主管部门、投资者、从业者和很多消费者心中都期待着一些问题的答案："这个雪季，我国冰雪旅游是否会出现报复式反弹？""2020 年冰雪产业总规模有多大？""三亿人参与冰雪运动的宏大图景是否可按时间表推进？"

鉴于此，本章通过数据分析和行业观察，力图从资本脉动的视角为读者呈现行业的运行状况及发展前景，愿中国冰雪旅游良性有序发展，早日成为冰雪旅游强国。

一、冰雪旅游投融资现状分析

（一）冰雪旅游投融资综述

我国冰雪产业在 2016 年骤然进入高速发展期，当年产业规模历史性地增

---

* 该部分原载于《中国冰雪旅游发展报告（2021）》，由韩元军、张虹菲等执笔。

长了 35%，达到 3647 亿元的体量，之后的几年，除 2017 年增长 9% 以外，其他年份的增长率均保持在 14% 左右的高位。如果没有突如其来的新冠肺炎疫情，2020 年冰雪产业规模达到 6000 亿元将是个大概率事件。冰雪旅游之所以能在 2016 年驶入快车道，主要是由三股力量共同催化的。一是政策红利，2014 年国务院发布的《关于加快发展体育产业促进体育消费的若干意见》中首次明确指出"发展冰雪特色运动，促进相关体育消费"的方向，其后在 2016 年国家层面密集出台了一系列相关纲要规划，如 2016 年 5 月出台的《体育产业发展"十三五"规划》、10 月出台的《关于加快发展健身休闲产业的指导意见》、11 月出台的《冰雪运动发展规划（2016 - 2025 年)》和《全国冰雪场地设施建设规划（2016 - 2022)》等，这些政策文件为稳步推进我国冰雪产业的发展定下了方向和基调。

二是事件红利，即众所周知的北京、张家口两市，于 2015 年 7 月取得了 2022 年第 24 届冬奥会的联合举办权。这是我国冰雪产业发展进程中的里程碑事件，以滑雪运动的普及为观察视角，美国在 1960 年举办了斯阔谷冬奥会后，全美滑雪人口规模以每年 20% 的速度增长，随之而来的是 20 年间冰雪旅游相关产业的体量膨胀了数倍。中国目前的冰雪产业发展阶段和冰雪运动人口体量与当时的美国具有可比性，预计北京冬奥会的拉动力量将与之相当。

三是时代环境给予中国冰雪旅游的助推力，即恰逢其时的市场与资本红利。经过改革开放后 40 多年的发展，中国在 2010 年成为世界第二大经济体。而我国旅游业自 20 世纪 90 年代以来行业规模剧增，发展速度惊人，不但成为国家经济新的增长点，也培育出了十亿级的旅游人口。庞大的旅游市场，旺盛的投资需求，为中国冰雪旅游的发展插上了翅膀。

综上所述，我国冰雪旅游短期内行业体量暴增，是由政策导向、高压时间表、寻找出口的资本和市场空间想象下共同催生的。也正因如此，冰雪旅游当前处于粗犷的跑马圈地阶段，表现出政策拉动、投资推动、供给创造需求的鲜明特点。概括起来，当前阶段我国冰雪旅游处于政策引导期、资本投入期、市场培育期和行业扩容期，彰显了行业的阶段性属性。处于政策引导期，表明政策及政府行为在冰雪旅游发展中的关键作用；处于资本投入期，决定了我国冰雪旅游业现阶段资本净流入的属性；处于市场培育期，预示了供需不均和错配现象会持续相当长一段时间；在行业扩容期内，则提示了我国冰雪旅游业旺盛的融资需求。

在理解和把握冰雪旅游现阶段属性的基础上，本章选取了投融资的双向视角进行分析。投资、融资，本是一体两面且互相定义的，但从不同视角切入读取的信息却有所不同。以投资为视角，观察整个行业的资金净流入情况，从而分析冰雪旅游供应端的格局；以融资为视角，了解业内企业的融资需求和资金缺口，从而分析整个行业的盈利能力和运营效率。

（二）重资产项目投资情况

1. 冰雪旅游项目

当前阶段，我国冰雪旅游业的资金流入主要集中在重资产类冰雪项目领域，根据对 2018～2020 年的项目数据核算，目前重资产类冰雪项目的投资额约占冰雪旅游吸引资金总额的九成，轻资产项目和企业股权型投资仅占一成。因此，本节以重资产冰雪项目投资为抓手展开分析，同时为避免重复计入和厘清资本流向，这里的分析只考虑投资性资金，不考虑银行贷款类的债务性资金。

重资产项目的特点是投入资金量大，回报期长，非常考验投资方的资金实力和现金流管控能力，因此投资主体多为政府、大型企业和投资机构。在冰雪旅游领域，重资产项目的投资主体可细分为政府（一般通过平台公司运作）、房地产企业、旅游企业、投资机构和实力雄厚的其他行业企业。政府以外的投资这里统称为社会资本投资。目前，我国冰雪旅游投资领域的重资产项目包括：一是冰雪景区，即以冰雪观光、运动为主打的景区项目，以下简称"景区"。二是冰雪运动场馆，包括室内外滑雪场、滑冰场，这里不再细分为比赛场馆和大众休闲运动场馆，以下简称"场馆类"。三是冰雪主题乐园及商业综合体，是指冰雪游娱、文旅为主题的单体项目，但通常有餐饮、零售的商业综合配套,以下简称"主题乐园"。四是冰雪小镇/度假综合体(以冰雪游娱、运动为主打的食住游购娱综合体项目),由于目前旅游型/运动型冰雪小镇和度假区、度假综合体的名称混用严重,且产品定位基本一致,并且大型项目采用"政企合作"的模式已经非常普遍,故本报告将两者合并为一类,以下简称"小镇/度假综合体"。五是冰雪产业园区(冰雪制造业的研产基地),包括冰雪设备/装备的产业小镇、产业园区,冰雪企业聚集的科研园区、商务办公区也都划分为此类,以下简称"产业园区"。

据中国旅游研究院冰雪旅游课题组的不完全统计,2018~2020年,我国冰雪旅游重资产项目的总投资规模超过9000亿元,其中2018~2019年约为6100亿元,2020年已吸收重资产项目投资额约为3000亿元,保持住了匀速增长的趋势,2019年初爆发的新冠肺炎疫情并未打断冰雪旅游重资产项目投资的总体进程。从社会资本投资额度分布来看,吉林、湖北、广东分列社会资本吸金前三甲,其中吉林吸收社会资本规模约为1500亿元,湖北、广东两省近千亿元。奥运省份河北位列第四,江苏及西南片区的四川、云南,吸金额度也都达到了500亿元以上。

2020年在冰雪旅游领域,共产生重资产项目投资事件约72件(不完全统计),其中政府为出资方或项目发起方的投资事件42件,总投资额约为900亿元(金额非公开项目、续建项目和部分PPP模式项目,均未计入总额)。社会资本投资事件30件,总投资额约为2100亿元。以下对两种资金来源的项目投资做具体分析。

(1)2020年社会资本投资。

2020年社会资本在冰雪领域的重资产项目投资额约为2100亿元(计入口径为1亿元以上),预期全年总投资额与2018年、2019年相比将出现小幅收窄。显示出2020年社会资本在冰雪领域释放的资金量,受到了新冠肺炎疫情的轻度影响。重资产项目的投资主体,依然是房地产企业占据半壁江山(见图4-1)。在我国政府对地产行业管控收紧的情况下,地产企业对旅游地产综合业态的探索和跟进表现得越发积极。

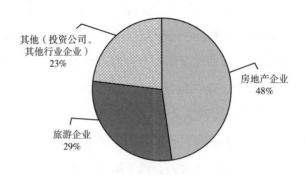

图 4 - 1　2020 年社会投资主体分布

资料来源：课题组研究整理。

　　投资最活跃的房企代表之一融创集团，根据上市公司年报显示，延续了前两年疯狂拿地的势头，2020 年继续在全国范围内多点布局冰雪度假综合体项目——在东北地区开工了哈尔滨融创冰雪影都，在华中地区投资了武汉甘露山文旅城（与武汉城建集团共建），在西北地区开工建设了西安融创冰雪世界，在深圳又签下了宝安空港新城冰雪文旅综合体项目，四个项目投资总额为 1482 亿元，其中对武汉甘露山文旅城的投资额高达 700 亿元。而另一家庭品质休闲度假服务商复星旅文已在 2019 年落地建设太仓复游城项目，该项目开发成本（主要为收购土地使用权的成本及建筑成本）预期约为人民币132 亿元。在滑雪教培领域，2019 年复星旅文旗下海外品牌地中海俱乐部（Club Med）与法国滑雪学校（Ecole du Ski Francais，ESF）达成合作并签约，在中国地区新增北京万科石京龙滑雪场、河北太舞滑雪及山地度假村两家滑雪学院，目前均已开业。2020 年 11 月，Club Med、ESF 又与成都融创滑雪学校以及聚隆滑雪度假区达成合作，将在融创学士街和聚隆国际旅游度假区内新增两家滑雪学院，为滑雪爱好者提供专业的滑雪课程。截至 2020 年，算上最早开业的重庆南天湖滑雪学院，Club Med 已经在中国签约了 5 家滑雪学院。

　　在投资项目类型结构方面，今年签约立项的项目中有一半以上是小镇/度假综合体类型（见图 4 - 2）。度假综合体项目类型延续了 2018 年以来的热度，持续受到社会资本的追捧。

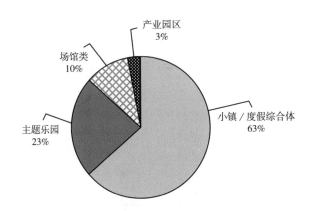

图 4 - 2　2020 年各类型项目数量比重

资料来源：课题组研究整理。

在投资项目规模结构方面，2018 ~ 2019 年，包括滑雪、娱雪、住宿、餐饮、演艺、零售等多业态在内的冰雪主题度假综合体为主流投资项目类型，在整体投资规模中占比约 45%。而 2020 年度假综合体投资规模占比已达 69.2%，小镇/度假综合体项目已经站稳了供给端旅游产品类型主流（见图 4 - 3）。

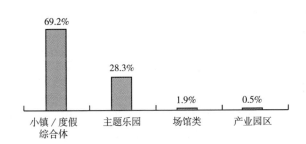

图 4 - 3　2020 年各类型项目投资额比重

资料来源：课题组研究整理。

2020 年社会投资最活跃的地域非华北片区莫属，共有 11 个社会投资项目落地，2022 冬奥会举办，此板块被更多投资方看好。其次是华东地区，产生 6 个投资项目。华中和华南地区年内各有 4 个，西北地区有 2 个，而传统的冰雪优势板块东北片区目前有 3 个项目在建。各地域板块吸引社会投资额度方面，融创武汉甘露山度假综合体项目 700 亿元投资的华中地区成绩最为亮眼，华南、东北地区虽然项目不多，但投资规模依然可观，华北地区以追加和分期项目为主，因此总投资规模略逊一筹（见图 4 – 4）。

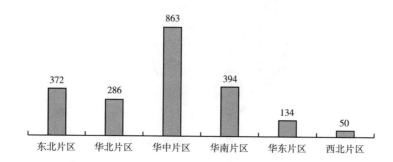

图 4 – 4　2020 年各片区社会资本投资总额（单位：亿元）

资料来源：课题组研究整理。

结合 2018～2020 年的投资项目来看地域分布，可以更明显地看到社会资本投资的冰雪项目从北向南、东、西几个方向展开的基本趋势（见表 4 – 1），国家"南展西扩东进"的冰雪战略在社会资本引导方面的作用凸显。

表 4 – 1　　　　　　　　2020 年社会资本投资重资产项目　　　　　　　单位：亿元

片区	省份	城市	项目名称	类型	总投资
东北	黑龙江	哈尔滨	冰雪融创冰雪影都	小镇/度假综合体	365
	吉林	长春	吉林省长春市莲花山世茂滑雪场冒险公园综合娱乐项目	主题乐园	约4
		长春	吉林省长春市世茂莲花山冰雪小镇一期及酒店工程	小镇/度假综合体	约2.5
华北	北京	北京	五棵松冰上运动中心项目	场馆类	约5.5
	河北	张家口	崇礼翠云山国际旅游度假区	小镇/度假综合体	50
		张家口	河北省张家口市太子城国际冰雪小镇一期	小镇/度假综合体	45
		张家口	崇礼太舞四季文化旅游度假区	小镇/度假综合体	约40
		张家口	赤城县新雪国居旅度假项目一期	小镇/度假综合体	30
		张家口	崇礼密苑生态旅游度假产业示范区	小镇/度假综合体	30
		张家口	河北省张家口市赤城县冬奥冰雪艺术城A – 1项目	主题乐园	20

续表

片区	省份	城市	项目名称	类型	总投资
华北	河北	张家口	崇礼天境山麓度假区一期	小镇/度假综合体	10
		石家庄	河北省石家庄灵寿水上冰雪运动项目	场馆类	5
	山东	烟台	华星冰上运动综合体项目	主题乐园	30
		潍坊	山东省潍坊市华安·迪梦温泉小镇（一期）工程（含酒店）	小镇/度假综合体	20
华东	江苏	南京	南京奥山冰雪综合体项目	小镇/度假综合体	60
		南京	启迪国际冰雪科技城	产业园区	约10
	上海	上海	临港南汇新城冰雪世界工程"冰雪之星"	小镇/度假综合体	25
	浙江	金华	浙江中奥橄榄体育产业项目	场馆类	30
		杭州	浙江省杭州东湖新城华元星万里冰雪综合体	小镇/度假综合体	约7
		台州	浙江省台州市绿城天台山冰雪乐园项目	主题乐园	约2.3
华南	福建	南平	武夷山冰雪水世界旅游综合项目	小镇/度假综合体	8
	广东	深圳	宝安空港新城冰雪文旅综合体项目	主题乐园	367
		河源	河源巴伐利亚庄园体育休闲特色小镇项目	小镇/度假综合体	5
	广西	北海	北海银基滨海旅游度假中心一期	小镇/度假综合体	约14
华中	湖北	武汉	甘露山文旅城	小镇/度假综合体	700
		武汉	武汉梦时代广场	主题乐园	120
		恩施	湖北省恩施绿葱坡滑雪及高山运动度假区	小镇/度假综合体	40
		武汉	武汉奥山国际冰雪运动旅游小镇奥山府二期A区工程	小镇/度假综合体	3
西北	陕西	西安	西安融创冰雪世界及商业配套	主题乐园	50
		汉中	汉中启迪冰雪世界	小镇/度假综合体	不详

资料来源：课题组研究整理。

（2）2020年政府主导投资。

与社会资本相比，政府投资的冰雪项目类型更重场馆设施（含周边）的建设，政府主导的小镇/综合体项目也仍占较大比重。最值得注意的是，2020年政府加重了对产业园区项目的开发。如图4-5所示。

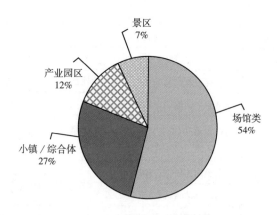

图 4-5 2020 年政府主导项目的类型分布

政府主导的冰雪项目投资主要分布在华北和东北区域上，随着冬奥会的成功举办，华北区产生大量场馆及配套建设项目，东北地区以小镇/综合体项目和产业园区为主，是其推进区域冰雪产业规划的具体落实。西部和南部地区 2020 年则新增了多个场馆类项目，继续增加当地冰雪载体的供应量。如表 4-2 所示。

表 4-2　　　　　　　　2020 年政府主导投资重资产项目

片区	省份	城市	项目名称	类型
东北	吉林	长春	吉林长春市冰雪装备制造产业园项目	产业园区
		延边	吉林延边朝州长白山森林温泉会馆工程	小镇/综合体
		通化	吉林通化 MVR 世博村一体化实验区项目	小镇/综合体
			吉林省通化市全民运动健身中心通化市跳台滑雪训练中心建设项目	场馆
		吉林	吉林省吉林永吉经济开发区管理委员会永吉经济开发区冰雪装备产业园建设项目	产业园区
		白山	吉林省白山靖宇县南山冰雪休闲度假区建设项目	小镇/综合体
华北	北京	北京	北京国家高山滑雪中心	场馆
			首钢单板滑雪大跳台及配套设施项目	场馆及配套
			首钢滑雪大跳台中心及周边设施	场馆及配套
			石景山区体育中心改扩建	场馆
			国家游泳中心冬奥会冰壶场馆改造及周边设施	场馆及配套

续表

片区	省份	城市	项目名称	类型
华北	北京	北京	国家体育馆2022冬奥改建及周边设施	场馆及配套
			国家残疾人冰上运动比赛训练馆建设项目	场馆
			五棵松冰上运动中心项目	场馆
			北京市冰上项目训练基地	场馆
	河北	张家口	张家口海陀小镇旅游度假区	小镇/综合体
			张家口崇礼区奥运场馆建设	场馆
			张家口高新区冰雪运动装备产业园示范区	产业园区
		宣化	京张奥冰雪宣化装备产业园一期	产业园区
		唐山	河北省唐山市迁西县龙井关滑雪场项目	场馆
		涞源县	涞源县教育和体育局涞源国家跳台滑雪训练科研基地一期	场馆
		邯郸	河北省邯郸市鸡泽县冰雪运动馆及健身中心建设项目	场馆
		承德	承德金山岭国际滑雪旅游度假区	小镇/综合体
	山东	枣庄	山东省枣庄市中汇冰雪综合体建设项目滑雪馆工程	场馆
		泰安	泰安冰雪大世界项目	小镇/综合体
		临沂	临沂市河东区冰雪小镇项目	小镇/综合体
	山西	陵川	陵川"七彩太行"国际冰雪旅游度假区	小镇/综合体
华东	江苏	南京	溧水国家冰雪极限运动训练基地	场馆
华南	广东	东莞	东莞华阳湖湿地公园核心景区提升项目	景区
	广西	玉林	大容山国家森林公园旅游景区一期项目	景区
华中	湖北	十堰	宋洛乡桂竹园冰雪主题度假小镇	小镇/综合体
		十堰	神农架国际滑雪场三期	场馆
	湖南	长沙	湘江欢乐城"冰雪主题乐园"	主题乐园配套综合体
西北	陕西	榆林	榆林市榆阳区高新技术产业开发区管理委员会榆阳高新区体育运动中心项目	场馆
		延安	延安市黄龙县教育科技体育局延安市冰雪运动学校（越野赛道、现代冬季两项、赛事功能用房建设项目）	场馆及配套

— 77 —

续表

片区	省份	城市	项目名称	类型
西北	新疆	乌鲁木齐	丝绸之路国家冰雪运动基地项目	场馆
		阿勒泰地区	阿尔泰山可可托海国际滑雪场建设项目	场馆
西南	贵州	六盘水	贵州省六盘水市钟山区梅花山旅游景区 PPP 项目（一期）	景区
		贵阳	白云芬兰 PAMA 冰球杆研发生产基地	产业园区
		贵阳	白云贵州冰雪四季运动中心建设项目	场馆
	重庆	重庆	市奥体中心冰上运动赛事馆	场馆
			冷水康养特色小镇（滑雪世界）	小镇/综合体

（3）重资产冰雪项目供应格局。

从 2018～2020 年重资产类冰雪项目的投资来看，景区类项目近几年入市数量很有限；场馆类项目增速低缓；主题乐园类项目平稳增长；而小镇/度假综合体一枝独秀，持续高热，受到政策和资本的青睐；产业园区、产业小镇项目出现增量入市，这是 2020 年最重要的供应格局变化。究其背后的原因，主要有以下几点：一是冰雪景区类项目，一方面因优势天然冰雪资源的硬约束而不可能出现供应量跳升，另一方面是传统的观光型旅游产品缺乏吸引力，且盈利模式单一，故近年来不再被投资市场看好。二是冰雪场馆类项目，已过扩增期，市场端临近饱和，又因为运营成本高企、盈利模式单一，而不被大额资本看好。最典型的是滑雪场项目，申办冬奥会前的 2014 年我国仅有滑雪场 460 家，冬奥会申办成功后，滑雪场项目 2015～2017 年连续 3 年保持高增速，分别为 23.5%、13.7% 和 8.9%，而到 2018 年增速已回落到不到 6%，2019 年只有 2.5%。我国滑雪场保有量在一步步接近 800 座（《全国冰雪场地设施建设规划（2016－2022）》的目标规划）的同时，增速在不断下降。三是冰雪主题乐园类项目，因可作为单体运营，又可与商业综合体作配套，还有资本回报期较短的优点，一度被市场追捧，尤其是在南部、东部等天然冰雪资源禀赋不足的地区。但目前很多项目也面临市场饱和、吸引力下降、辐射路径短、客源不足和同质化等问题，因此供应端对此类项目的投资出现分化，更偏爱于投资商综合程度高的大中型项目，对小型单体项目则比较谨慎。四是冰雪小镇/度假综合体，此类休闲型综合体项目从 2018 年开始就受到资金追捧，到目前反而热度更胜，原因大致有三个层面：在政策层面上，国家无论对特色小镇还是商业度假综合体，其态度基本面都是许可加鼓励的，小幅度的结构性调控反而会增强投资者信心；在市场层面上，小镇/度假综合体是休闲类旅游产品的载体，我国已迈入休闲型社会门槛，休闲产业、休闲经济未来的想象力空间巨大；在投资层面上，无论对于房地产企业还是旅游企业、投资公司来说，小镇/度假综合体是目前最好的重资产投资类型，其概念便于在资本市场融资运作，而业态综合程度性高意味着变现方式多样，方便和很多业态、业种、业务结合，未来的投资回报更有保障。五是冰雪产业园区类项目，自 2019 年开始，国家、发展冰雪产业的重点省相继下发了鼓励发展冰雪装备制造产业、设立产业园区的政策和规划，2020 年多个产业园区项目的兴建是这些规划的具体落实。产业园区项目涉及区域产业规划、产业集群配置等顶层设计，一般由当地政府主导，社会资本目前进入的较少。

从 2016 年冰雪产业开始爆发到 2020 年冬奥会筹备进入关键期，冰雪旅游的供应端格局不断循着政策、市场和资本逻辑做调试——2016～2018 年场馆类产品供应提速，2017～2019 年主题乐园遍地开花，2018 年综合体类产品吸睛，2020 年产业园区亮剑。

2. 市政基建项目

冰雪旅游重资产项目，尤其是大型、综合类项目供应量的增加，对项目周边环境乃至目的地城市的基础建设提出了更高要求。尤其是交通类基础建设决定着旅游项目的可到达性，对冰雪旅游项目就更是如此，冰雪资源的富集区也往往是在主交通网难以覆盖、设施基础差的地区，因此对冰雪旅游的投资研究也应将与冰雪旅游相关的交通基建类项目纳入视线范围。

宽泛地说，我国与冰雪旅游相关的交通基建项目从 2014 年或更早就已经开始，尽管当时冰雪经济的发展理念没有全面爆出，但很多冰雪旅游重点板块的省市政府已经注意到交通基建对当地冰雪旅游发展的掣肘，开始逐步对冰雪旅游交通基建进行投入工作。通过对 2014～2020 年可靠信源的公开项目数据进行汇总分析，我国各级政府和各类社会资本在冰雪旅游交通方面的投入总规模达 8000 亿元以上，计入统计范围的包括干路和支线公路的新建，路网设施改造升级，城际铁道、机场、桥梁和景区交通基础设施等与当地冰雪经济发展直接相关的工程项目。

从地域上看，2020 年全国各片区板块都有冰雪旅游交通方面的工程开展，华北、东北和西北地区的项目较多、总投资额较大。作为冬奥会的主阵地，华北地区在冰雪旅游交通方面的投入最大。京津冀地区近年来陆续进行了河北省级高速公路的新扩建，包括张家口冬奥会交通基础设施升级工程，张家口旅游铁路一期工程，邯郸机场的扩建工程，天津至北京大兴机场、石家庄衡水沧州港城际铁路的建设等，张家口太子城冰雪小镇还投入 2.7 亿元设立有轨专项电车。截至 2020 年，备受瞩目的京哈高速铁路也已开始正式进行信号测试，它是《中长期铁路网规划 2016》中"八纵八横"高速铁路主通道之一，也是 2022 年北京冬奥会的重要基础保障工程。此外，内蒙古开通了与张家口北部地区贯通的太子城至锡林浩特的快速客运列车通道。由中车唐山公司推出的草原森林旅游列车"呼伦贝尔号"填补了国内铁路高端旅游市场的空白。

东北地区代表性的项目有黑龙江开通中国首个冰雪主题旅游专列"亚布力雪国列车"以及兴建梅花山滑雪场公路；吉林对长白山及松花湖地区周边路网的改建、扩建；辽宁市政部门优化城市轨道交通，为多个冰雪项目开通多条直达公交、地铁线路。

西北地区的冰雪旅游交通基建工程主要集中在新疆地区，乌鲁木齐进行了南山大桥的新建，水西沟镇冰雪运动特色小镇的外部交通及绿化工程；阿勒泰地区进行了阿勒泰至乌鲁木齐公路建设的一期工程、二期工程，围绕冰雪场馆作了旅游东西环线道路的建设；博尔塔拉蒙古自治州对博州博温赛快速通道的东西两端工程开始建设。

其他方面，华东地区，通沪铁路是国家八纵八横铁路网的重要组成部分，也是沿海通道的重要一环，向北到达山东青岛，向南经过沪昆高铁到达浙江。通沪铁路的建成运营对长三角一体化发展意义重大。通沪铁路太仓南站于2020年7月1日投入运营，自此，由上海虹桥综合交通枢纽到太仓复游城（项目开发成本预期为约人民币132亿元，包括但不限于华东地区最大的室内滑雪场之一、体育公园、ClubMed度假村、欧洲商业街区和可售度假物业单位）用时不到30分钟。华南地区，天水三路、宜岭大道、天水二路等道路分布在梧州启迪鸿星合景冰雪小镇项目周边，也是苍海新区的交通要道，2020年4月天水三路开展路基建设，其余两条道路正在开展前期工作。西南地区，2020年7月四川省发改委和省文旅厅印发《四川省山地轨道交通规划（2020－2035）》，位于绵竹市境内的天府德阳冰雪小镇支线纳入该规划。天府德阳冰雪小镇支线线路从汉旺经天池至清平，将串联汉旺地震遗址、天府冰雪小镇、金色清平等景区景点，是龙门山山地度假旅游线（主线）的重要"经脉"。

（三）冰雪企业融资情况

1. 行业规模和结构

截至2020年12月底，通过天眼查信息平台对企业经营范围做关键词查询，并对结果做数据去重，估算目前在我国境内注册的经营冰雪旅游相关业务的企业数量约6540家，其中2020年新增注册企业数为591家，注册期在3年之内的企业数为2376家，2018～2020年，我国冰雪旅游从业企业的数量大约是以每年15%的速度递增。

从企业注册数量分布来看，河北、黑龙江两省份位列前二甲，注册企业均在800家以上。广东、吉林、山东位列第二梯队，分别达500家以上。辽宁、河南、北京、内蒙古位列第三梯队，分别达300家以上。

从企业注册资本金总量来看，辽宁、吉林两省份位列资本金总量前两位，分别达到150亿元以上，广东紧随其后，达到145亿元。河北、内蒙古、黑龙江分列第四、第五、第六位，均达到100亿元以上。

由于冰雪旅游业有较强的季节性，从业人员流动大，不能以企业注册员工人数来估算整个行业的从业人口规模，因此本章综合参考了东北、华北和西北地区几个重点省市 2019～2020 年四季度旅游业的就业数据，整体估测目前我国冰雪旅游的从业人口规模在 300 万人左右。

行业结构方面，参考我国服务业对企业规模的一般划分标准，经过抽样估算，目前冰雪旅游行业的企业规模以小微企业（员工人数＜200 人）为主，占比约为 87%，中型企业（员工人数 200～1000 人）占比约为 9%，大型企业（员工人数＞1000 人）占比不足 4%。如图 4-6 所示。

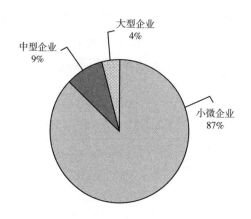

图 4-6　冰雪旅游行业企业结构分布（按规模）

注：本次估算剔除了大型设备/装备制造型企业。
资料来源：课题组研究整理。

另据天眼查信息平台的资料显示，"33% 的冰雪运动相关企业分布在文化、体育和娱乐业，22% 的相关企业分布在租赁和商务服务业，16% 在批发和零售业，9% 在制造业。"

冰雪旅游企业的经营状况方面，根据 2020 年 2 月新冠肺炎疫情期间，根据北京奥运城市发展促进会、国研经济研究院中国冰雪经济研究中心等机构面向全国冰雪企业的调查数据，45.6% 的企业 2019 年营业收入在 500 万元以下，16.3% 的企业营业收入在 500 万～1000 万元，21.3% 的企业营业收入为 1000 万～5000 万元，营业收入 5000 万元以上的企业占比 16.8%（见图 4-7）。即六成的从业企业年营业收入在千万元以下。

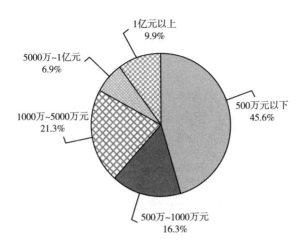

图 4-7　目前冰雪旅游行业企业结构分布（按营业收入）

2. 行业融资结构和资金缺口

目前，我国冰雪旅游业正处于行业扩容期，以中小微企业为主，从业人员流动性大，经营规模和盈利水平相差悬殊。从企业经营用资本金的来源分为内源性和外源性，内源资本金为企业自有资本，报告仅讨论企业外源融资的情况。从资金性质来看，冰雪旅游企业的外源融资有债权型和股权型两种。从融资信息是否直接查可得，共分两种情况，具体融资信息不可得的是占行业比重90%以上的中小微企业，其财务状况不透明，且业务较为混杂。而融资信息可得的冰雪旅游企业目前有以下两类。

一类是获得大额风险投资的初创企业，一般集中于冰雪电商、冰雪培训、冰雪场馆运营、冰雪赛事运营、冰雪信息服务相关的领域。近年来，获得风投资金的初创企业主要有：爱滑雪、去滑雪、滑雪族、滑雪助手、冰世界、传世体育、香蕉计划、五人成军、翼翔冰雪、斑马少年、零夏、滑雪圈、雪时网、万域芳菲等，目前多数企业处于天使轮和 A 轮。根据公开可查的融资金额，2015～2020 年此类获得风投的企业融资总额为 2 亿元左右。部分大额创投情况如表 4-3 所示。

表4－3   2015～2020年此类获得风投的企业融资

融资企业	最后融资年份（年）	最后融资轮次	投资机构	投资金额（万元）	已融资次数（次）	业务领域
爱滑雪	2015	天使轮	未公开	未公开	1	冰雪信息服务
滑雪助手	2015	A轮	动域资本等	1200	2	冰雪信息服务
翼翔冰雪	2016	天使轮	华策影视	300	1	冰雪综合服务
传世体育	2016	天使轮	科力投资	500	1	冰雪场馆运营
去滑雪	2016	A轮	新动金鼎基金、伯乐纵横、体坛传媒等	3300	3	冰雪综合服务
冰世界	2016	A＋	探路者基金	千万元级	2	冰场娱乐
零夏	2016	天使轮	泽厚资本	1000	1	装备电商平台
SKIIN	2016	天使轮	泽厚资本	1000	1	滑雪智能硬件
腾越滑雪	2016	天使轮	未公开	2000	1	室内模拟滑雪
雪时网	2016	Pre－A	微赛体育	百万元级	1	冰雪综合服务
传世体育	2017	Pre－A	科力投资、凯致天使创业	千万元级	1	冰雪场馆运营
香蕉计划体育	2017	A轮	北极光创投、君得资本	3000	1	冰雪赛事运营
五人成军	2018	A轮	丰厚资本、建木创投、德威控股	千万元级	1	冰雪赛事运营
滑雪族	2018	A轮	深创投、梅花天使创投、北辰新势能	3000	3	冰雪综合服务
斑马少年运动	2018	Pre－A	复星锐正资本	千万元级	1	冰雪培训
北京高山滑雪	2018	股权融资	万科、北控集团等	未公开	1	冰雪场馆运营
滑雪圈	2018	天使轮	盛世投资		1	冰雪综合服务
万域芳菲	2018	天使轮	波司登等	千万元级	1	冰场运营培训
冠军冰场	2018	战略投资	德同资本、杭州星路	未公开	3	冰雪场馆运营
雪乐山	2019	A轮	新龙脉基金	千万元级	3	室内模拟滑雪

资料来源：课题组研究整理。

　　另一类是有冰雪旅游业务的上市公司，目前我国资本市场上少有真正意义上的冰雪旅游股，多数属于"冰雪旅游概念股"，即这些上市公司或在

"主业＋冰雪"的业务线上布局，或围绕"冰雪＋"概念来拉动新兴业务、打造复合业态。此类"冰雪旅游概念股"上市公司的财务运营情况虽然可以通过企业年报获悉，但由于上市公司的特殊性及大量非冰雪旅游业务的影响，故而无法代表整个冰雪旅游行业的资金融通状况。

综上所述，获得大额风投和所谓的冰雪上市公司都只是冰雪旅游行业的一角，这两类公司的融资渠道和资本结构特征与现实中绝大多数运营的冰雪旅游企业差别较大。故本章最终使用间接数据来对整个冰雪旅游行业的融资总量和结构做估算。数据源包括：国家统计局发布的宏观经济运行数据；原国家旅游局发布的行业数据；中国人民银行发布的信贷数据；各民间项目融资平台、产权交易平台的项目融资数据；部分"冰雪旅游概念股"上市公司的财务报告和业务分析研报；第三方研究机构针对冰雪旅游行业的调研报告。

经中国旅游研究院冰雪旅游课题组测算，2020 年前三季度，我国冰雪旅游行业的债权型资金总量约为 1000 亿元，包括银行贷款、各类短期信用融资、企业债券等，股权/产权型融资的资金总量约为 3500 亿元，包括资本市场融资、风险投资、项目收益权融资等。这里未计入旅游产业基金、政府补贴、政策性贷款的投放量。

2020 年由于受新冠肺炎疫情的影响，冰雪旅游企业普遍出现短期流动资金紧张、融资困难的现象。根据 2020 年 2 月份北京奥运城市发展促进会（以下简称奥促会）、中国国际问题研究院（以下简称国研所）做的"新型冠状病毒感染的肺炎疫情对中国冰雪产业的影响调查"显示，疫情期间 66% 冰雪企业的流动资金储备不足 3 个月使用。上市公司的情况更为严重，通过抽取部分有冰雪业务上市公司的半年报分析，85% 的企业处于高负债运转状态。经中国旅游研究院冰雪旅游课题组测算，2020 年上半年，冰雪旅游行业的资金缺口达到 1500 亿元以上。随着第三季度业务回调、复工复产，大部分企业亏损收窄，流动性基本有保障。从上市公司的情况看，与半年报相比，第三季度主要冰雪旅游上市公司的负债率降幅超过 30%。全行业融资资金缺口为 1000 亿元左右。

3. 冰雪概念股企业布局情况

冰雪概念股上市公司的融资渠道和资本结构虽然在推及整个行业时不具典型性，但其资金使用方向和战略布局的结构、形式却是了解冰雪旅游行业资本动向的最好窗口。本章梳理了在国内主板、新三板和香港上市的代表企业对冰雪领域的布局情况，从中可一窥这些企业在冰雪旅游业务上的布局逻辑和发展策略（见表 4-4）。

表 4-4   冰雪概念股上市公司布局情况

证券简称	代码	市场	布局领域	业务方向与发展策略
长白山	SH603099	沪A	景区运营	围绕长白山旅游资源，构建以旅游客运、温泉酒店和旅行社为载体的综合业务格局，深度打造冰雪旅游IP
万科A	SZ000002	深A	度假综合体的建设和运营	"地产+旅游"模式的典型，2014年起先后打造了松花湖、石京龙、北大壶滑雪度假区，已建立起有吸引力的冰雪度假品牌，旅游流量持续攀升
探路者	SZ300005	深A	冰雪户外装备、冰雪体育赛事、培训、滑雪场运营、度假区	以"冰雪体育赛事+培训"为核心，展开户外装备制造、滑雪场和度假区运营的关联版图
奥瑞金	SZ002701	深A	冰球培训、冰球赛事运营、冰球场馆建设、体育衍生品	以冰球赛事运营为核心，带动培训、场馆建设等业务
莱茵体育	SZ000558	深A	冰雪赛事运营、冰雪运动培训、滑雪场馆运营及综合服务	以冰球、冰壶运动为切入点，进入冰雪运动培训、赛事运营、场馆运营等多个领域；与浙江省合作，共建女子冰球、冰壶队
金达威	SZ002626	深A	冰雪赛事运营	与国家冬季运动管理中心、世界冰壶联合会签订赛事运营权
华策影视	SZ300133	深A	冰雪影视、冰雪培训	以"冰雪+影视"为发展策略，通过入股冰雪企业及对外合作等方式，涉足冰雪影视、体育综艺制作、冰雪培训等领域
三夫户外	SZ002780	深A	冰雪户外装备、城市冰雪旅游赛事、冰雪嘉年华	以"户外+旅游"为发展战略，与城市合作开展户外旅游赛事

续表

证券简称	代码	市场	布局领域	业务方向与发展策略
凯撒旅游	SZ000796	深A	冰雪旅游综合服务	推出子品牌"滑遍天下",打造冰雪旅游的一站式服务,开通国际滑雪旅游路线
雪人股份	SZ002639	深A	制冰设备制造、冰雪场馆建设	参与国内外多个大型冰雪场馆的建设,积累丰富经验,专业纵深化发展
首钢股份	SZ000959	深A	冰雪场馆建设	为2022年北京冬奥会、残奥会提供场馆建设,并成立首钢冠名的冰球国家队俱乐部。通过概念红利型业务,涉足冰雪领域
河北宣工	SZ000923	深A	压雪机制造	压雪机等冰雪运动基础设备生产、制造
中信国安	SZ000839	深A	冰雪赛事运营、冰雪嘉年华、冰雪旅游	与专业运动队伍共建,与冬季运动管理中心、中国滑雪协会进行战略合作,运营一系列冰雪赛事,欲打造冰雪文化旅游产品。利用政策资源优势和概念红利进入冰雪领域
中弘股份	SZ000979	深A	滑雪场建设及运营	建设运营天池雪滑雪场,以重资产为载体涉足冰雪领域
泰山体育	SZ837739	深A	冰雪设备制造、场馆建设运营	涉足滑雪模拟机、自润滑高分子冰板等装备的研发制造,并与启迪集团在冰雪场馆建设与运营、自润滑超级冰面、滑雪模拟器等方面合作
北京体育文化	01803.HK	港股	冰雪乐园建设及运营、气膜场馆、制冰业务、冰雪旅游综合服务	通过入股收购,完成集气膜场馆、乐园体系、冰雪制造和内容服务的全产业链布局
安踏体育	02020.HK	港股	冰雪运动服装制造	成为2022冬奥会、残奥会的运动服装合作伙伴,研发生产专业冰雪运动服装
复星旅文	01992.HK	港股	冰雪小镇、度假综合体的建设和运营	2018年在太仓开工建设阿尔卑斯小镇,欲打造欧式风情的高端冰雪度假区。欲以"硬+软"模式深入到文化旅游综合业态发展的腹地
融创中国	01918.HK	港股	冰雪度假综合体建设	在全国多个省市拿地建设融创冰雪世界,借势概念红利,大举布局"地产+旅游"综合业态的规模效应
华录百纳	300291	创业板	城市冰雪旅游赛事、冰雪嘉年华	与河北省在冰雪产业品牌赛事领域开展合作,欲打造"极限冰雪嘉年华"

证券简称	代码	市场	布局领域	业务方向与发展策略
卡宾滑雪	838464	新三板	雪场规划设计与建设、大型冰雪设备的研发、销售和租赁、冰雪旅游综合服务、冰雪项目咨询、场馆运营管理服务、冰雪产业研究	被称为"中国冰雪产业第一股",定位为滑雪产业链综合服务商,在滑雪领域深耕细作,构建从设备研发、销售、租赁到管理运营、项目咨询、产业研究的全链条业务线
梅珑体育	835282	新三板	花样滑冰赛事运营、运动员经纪业务	从2003年即开始在国内推广花样滑冰,承办赛事及市场开发
建华中兴	870749	新三板	滑雪装备制造	滑雪手套的研发生产
永乐文化	837736	新三板	冰雪赛事运营	旗下的"永乐体育"运营第二届中国大众滑雪技术大奖赛,并涉足花样滑冰赛事的推广
泛华体育	836042	新三板	冰场建设及运营、冰雪赛事、冰雪培训	以冰场的建设运营为基点,导入冰雪赛事运营、培训等业务

从概念股上市公司总部分布来看,京津冀及沿海地区是上市公司集中布局的区域。其中北京最为集中,为12家。

目前,国内A股和港股上市企业多在大型冰雪度假综合体、冰雪场馆建设、冰雪设备制造、冰雪运动装备及用品制造、大IP冰雪赛事运营等领域积极布局,而新三板的中小型企业,较多在城市冰雪赛事、冰雪娱乐、冰雪传媒、冰雪场馆设计、场馆运营及综合服务等方面切入。

4. 冰雪企业融资问题与建议

"冰雪旅游概念股"上市公司的融资渠道和资本结构特征与现实中绝大多数运营的冰雪旅游企业差别较大,这类较有实力的企业可以利用资本市场、商业信贷、企业债券、抵押贷款、项目融资、信托融资、融资租赁、供应链金融及多源业务间相互贴补等多种方式来筹措长短期的运营资金,且相对更容易获得产业专项基金、政府补贴、政策性贷款等。而占冰雪旅游行业企业数90%以上的中小微企业,其融资难问题是更为突出和普遍的。2020年2月份奥促会开展的关于新冠肺炎疫情对冰雪企业影响的调查显示,64.4%的受疫情影响出现财务问题的企业,并没有享受过任何的国家金融扶持政策,对一些创新的融资手段更是鲜有使用，如供应量金融、应收账款抵押、无形资产抵押及担保融资等（见图 4 - 8）。本章前面也提到在 2015 ~ 2020 年，全行业只有十几家冰雪旅游的初创企业获得过较大额的风险投资，总资金量不过2 亿元，与全行业每年约 1000 亿元的流动资金缺口相比，其落差如杯水车薪。对于冰雪旅游行业的中小微企业来说，这一问题更为突出。冰雪旅游行业当前正处在行业的扩容期，对于企业来说发展和扩张是必选项，而发展和扩张离不开资本的注入。

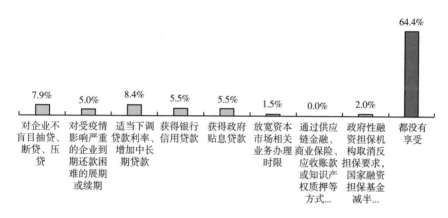

图 4 - 8　新冠肺炎疫情期间享受国家金融扶持政策的情况

缓解中小微企业融资难问题，近些年来在国家政策和社会金融环境层面已有不少举措，并有了明显改善。政策层面上，国家于 2003 年出台了《中华人民共和国中小企业促进法》，开始着手改善中小企业生存的法律环境和金融环境，2020 年又对该法做补充修订，增加了税收优惠等条款，加大了对中小企业融资的扶植力度。社会金融环境方面，在政府的引导和鼓励下，目前整个社会的征信体系在持续完善，金融创新活跃的同时逐渐规范化、理性化，呈现投资主体多元化，投融资渠道和方式多样化的态势。当前社会资本总量较为充足，投资需求旺盛且对创业、创新活动的宽容度较高，近些年社会资本在实业中的投资比重亦有所提高。

对中小微企业自身而言，优化融资结构、扩宽融资渠道、提高融资能力，是企业必须修炼的内功。冰雪旅游行业的中小微企业更是不应错失行业发展的时代机遇，要善于利用当前政策、金融环境的利好为企业的持续发展适配到低成本的运营资金。以下是为冰雪旅游企业，尤其是中小微企业提供的几点融资建议。

（1）融资渠道多样化，探索创新融资方式。

时至今日，大部分中国企业的融资渠道仍然较为单一，在很多企业的印象中外源融资似乎除了银行贷款就是上市，近些年由于"互联网＋"的风口资本活跃，对初创企业又多了风投的选项。但事实上有很多创新融资方式可选，有些还是专为缺少资产抵押的中小微企业而设计的。

第一，项目融资。项目融资并不算新兴的融资方式，但它的理论和模式一直处于发展和创新当中，应用领域也越来越广泛。简单概括，项目融资是指以项目的资产、预期收益或权益作抵押取得资金的活动，它的优势是能作为一个边界清晰的独立经济单元来进行融资，对于投资者来说可以立足项目的未来收益来做决策，而无须考虑筹融方的"历史欠账"，对于筹融方来说，项目融资比公司融资来得操作简单，融资结构可控，融资效率高。

在我国，各地促进经济发展的相关政府部门、产业园区、行业协会，包括民间的投融资平台都在充当对接项目融资双方的中介。查询一些投融资、商业合作类型的网络平台，就能看到已有很多滑雪场/冰场的建设及运营、冰雪设备的研发生产、冰雪旅游产品的开发在以项目融资的形式做推介，但目测融资成功率似乎不高，同时也能发现项目介绍中有很多不够详实规范的信息。可以说，目前项目融资方式在冰雪旅游行业的应用还比较初级，但它仍然是一种非常值得给予重视的融资方式，它的融资理念和操作模式与冰雪旅游企业的融资需求具有较好匹配度。

第二，资产证券化。资产证券化是指以基础资产未来所产生的现金流为偿付支持，通过结构化设计进行信用增级，在此基础上发行资产支持证券（ABS）的过程。基本流程是：发起人将证券化资产出售给一家特殊目的机构（SPV），或者由 SPV 主动购买可证券化的资产，然后 SPV 将这些资产汇集成资产池，再以该资产池所产生的现金流为支撑在金融市场上发行有价证券融资，最后用资产池产生的现金流来清偿所发行的有价证券。我国旅游资产证券化开始于 2009 年，国务院发布了《国务院关于加快发展旅游业的意见》，提出"拓宽旅游企业融资渠道，金融机构对商业性开发景区可以开办依托景区经营权和门票收入等质押贷款业务"。这是国家首次明确了景区经营权和门票收入是可质押的。之后国务院及人民银行又先后出台文件引导国内景区的旅游资产证券化进程。

根据中国旅游研究院课题组统计，截至 2020 年底，市场上共发行 17 支旅游景区门票类 ABS 产品，均为交易所挂牌。按照已发行门票收费权 ABS 基础资产类型分为两类：一是以入园凭证作为基础资产的 ABS，二是以名胜风景区为基础，以管理服务费或景区内索道、观光车船等游乐设施使用凭证为基础资产的 ABS。对于冰雪景区类企业来说，资产证券化不仅可以盘活存量资产，也可以与运营相结合，将现金流、资产等通过证券化，补充完善融资工具，增加融资渠道。

第三，中小企业私募债。中小企业私募债是中小微企业在中国境内以非公开方式发行和转让，约定在一定期限还本付息的公司债券，是目前证监会大力推广的企业直接融资品种。这种融资方式对发行人没有净资产和盈利能力的门槛要求，是完全市场化的公司债券。它的特点概括起来有：备案制，审批速度快；募集资金；用途灵活；债券期限长；合法合规，政策支持；可分期发行；发行成本较低；发行资质要求低，发行条件宽松。目前要求发行中小企业私募债主体为符合中小微企业标准、未在 A 股市场上市的非房地产和金融企业，且存续满两年，生产经营规范，内控完善，企业两年内无违法违规、无债务违约行为等。在发行主体的净资产、盈利能力、偿债能力等财务指标方面均无硬性要求。符合上述条件的中小微企业，从决策执行到获得募集资金只需一个月即可完成。目前中小企业私募债在中国的发行规模还不大，但它是为中小企业量身定做的融资品种，对发行方非常友好，值得中小微冰雪旅游企业加以研究和利用。当前是金融创新活跃的时代，各种新型融资工具层出不穷，企业就更需要认真分析自身的运营模式和资产特征，认真搭配融资组合，选择多样化融资渠道。

（2）尝试构建复合型业态，更易获得资本青睐。

在重资产项目投资领域，目前最受资本追捧的是综合体类冰雪旅游产品，其中原因是业态综合程度性高的产品意味着变现渠道和方式多，可选择的盈利组合也就更多，抗风险能力就更强，从而投资回报更有保障。而出现融资困难的一些冰雪企业，往往有盈利模式比较单一的问题，比如单体的滑雪场、冰场、冰雪景区、冰雪乐园等产品，其营收的主要构成都是门票经济。因此构建复合型业态，扩展多种营收来源，是一条比较现实可行的提高融资能力的路径。从目前的一些商业案例来看，构造复合型业态主要有寻求与周边多种业态的联盟合作、搭车当地的冰雪赛事或节庆活动搞联合开发，或是综合区域内旅游资源做跨界旅游产品的开发等，这些思路仅供参考，其核心重点还是冰雪旅游企业应挖掘自身优势，识别和定位出自身在当地冰雪商业生态中的位置，并发挥差异化优势，主动融入系统中，借机用时推动自身业务的多元化发展。

（3）理性融资，合理评估各种融资方式的成本和风险。

很多融资经验欠缺、财务欠规范的企业，往往在融资时容易冲动、草率、不顾一切或过度承诺，对融资的成本和风险缺乏判断力，给企业未来的发展埋下隐患。理性的资金筹融方不应只关注融资目标是否达成，更需要综合评估融资的成本和风险。考虑融资成本时，不能单纯考虑财务成本，还要重视时间成本、机会成本等隐性因素。而融资风险，有些来自企业组织内部，有些来自投资方，还有些则来自市场和宏观环境的不确定性，企业融资时不能只图眼前，应尽可能将风险考量在融资方案中。

冰雪旅游是需求弹性非常大的行业，对自然环境、社会环境、经济环境和政策环境都比较敏感，其业务往往具有较强的季节性、地域性，则营收现金流也呈现不平衡状态。冰雪企业在融资时更需充分考虑资金的适配性，综合评估资金成本和环境风险。对涉及经营权的融资方式更需慎重，理性的筹融方应考虑投资方在企业经营、发展方面对是否能带来资金以外的助益，是否能帮助企业提效、转型，是否帮助企业提升商业价值等。因为一次融资成功不是终点，而应将融资视为企业成长的过程。同时，融资过程往往也能助力企业从粗放、松散走向规范化。企业的规范化本身就极具价值，能够极大地提升企业未来的融资能力。

（4）关注产业/行业的政策动态，争取产业基金或创业优惠政策的扶持。

对于民营企业来说，最好的融资是得到政府/政策支持的资金，这些资金是低成本甚至无偿的，也是政府对企业发展路线选择的一种肯定和鼓励。在我国经济增速进入常态化后，我国政府加大了对新兴和特定行业/产业的扶持力度，中央和地方政府每年会有一定比例的资金直接用于这些产业/行业中企业的孵化和发展上。冰雪旅游企业应珍惜当下产业/行业发展的红利期，密切关注当地政府部门发布的产业/行业政策，尤其是扶持民营企业、中小企业、创新创业方面的政策和举措，同时也要不断规范企业自身的管理制度和经营，为争取各类产业发展基金和优惠政策做准备。

在融资方面，打开信息渠道看似老生常谈，实则是不可忽视的一环。一份 2017 年北京市几家产业园区联合开展的调查显示，全市约七成的企业没有申请过任何政府资金支持和优惠政策的原因，只是"不知情"。

二、行业投资影响要素与潜力分析

本节将从外部环境角度分析影响冰雪旅游业投资吸引力的主要因素，并在此基础上搭建指标体系，评估冰雪旅游有投资价值的区域和项目。

（一）行业投融资环境影响因素

本节通过分析 2014～2020 年中国冰雪旅游业运行期间我国的宏观经济、产业政策、金融、消费市场、社会结构和科技发展等环境因素，并将评价数据转化为相关系数做定量描述，得出 3 个对冰雪旅游投资吸引力影响最直接、作用最大的环境要素，它们是：政策与政府行为（影响因子系数为 0.7743）；宏观经济环境（影响因子系数为 0.6730）；市场需求状况（影响因子系数为 0.6450）。

　　研究发现，现阶段政策因素对冰雪旅游行业投资吸引力的影响系数最高。政策能同时作用于供给侧和消费端，起到双向引导和调节作用。在供给侧，政策引导社会资金的流向，促发产业结构变化，调整供给品的类型和增量；在需求端，政策推动冰雪运动普及率的提高，促进冰雪旅游消费的数量和质量。而宏观经济环境，直接影响社会投资需求总量，决定资金使用偏好。市场需求状况，通过调整供给端的预期来影响投资行为。产业政策、宏观环境和市场需求，三者共同推动了我国冰雪旅游的增长飞轮。

　　由于政策因素是当前阶段我国冰雪产业增长飞轮中最重要的一环，因此本节使用了"政策工具分析模型"来进一步研究政府使用政策工具的情况。本节使用计算机词频分析和人工识别相结合的方式，对2014年《国务院关于加快发展体育产业促进体育消费的若干意见》发布以来至2020年10月的76份国家级、省级和重点市的有关"冰雪运动""冰雪旅游""冰雪产业""冬奥会"的政策文件做了梳理分析。中国旅游研究院研究数据显示，76份政策文件中，"目标规划类"的内容条目出现频次为224次，"运营管理类"的内容条目出现97次，"财税金融类"的内容条目出现76次，"促进消费类"的内容条目出现45次，所占比重如图4－9所示。即当前阶段，政府对冰雪领域的指导和管理主要通过制订规划目标来实施。

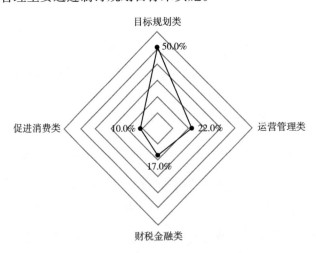

图4-9　冰雪旅游产业相关政策内容分析

政策工具分析模型的具体含义如表4-5所示。

表4-5 政策工具分析模型的分类

类型	指标解释
目标规划类	关于设定目标规划的政策，如设立建设场馆数量、人数、产值、布局规划方面的目标
运营管理类	关于提升效率、资源利用率，提高管理、服务水平方面的举措，一般是对有关管理部门和运营企业提要求
财税金融类	关于财政扶持、土地审批、税收减免、政策性贷款方面的政策，一般以企业为对象
促进消费类	关于促进群众参与、普及，增加消费方面的举措，一般是面向普通群众、消费者而制定

从政策工具的视角，目标规划类内容属于供给型政策工具，运营管理类和财税金融类内容属于环境型政策工具，促进消费类内容属于需求型政策工具。中国旅游研究院数据统计显示，现阶段在冰雪旅游领域，我国政府部门较多地应用供给型政策工具（51%），其次是环境型政策工具（39%），需求型政策工具使用较少（10%）。供给型政策工具的作用是建立社会预期，引导资本流向，短期内拉升供应量；环境型政策工具的作用是盘活存量资源，提升运营效率，扶持产业、行业良性发展；需求型政策工具的作用是促进市场发展，增加需求量和改善需求结构，即需求角度上的提质增量。

目前，我国冰雪旅游业处于供给创造需求的发展阶段，政府部门也偏重于使用供给型政策工具，但随着冰雪项目保有量增加，盘活存量和增加需求正在成为政府出台政策的重心，这一转变或将在"十四五"时期相关规划中有所体现。

（二）冰雪旅游投资潜力分析

从投资品的角度看，有投资潜力的冰雪旅游产品是可以在市场端兑现价值的产品，而作为旅游产品其价值的最直接的体现是对市场端消费者的吸引力。故本节使用了"旅游产品/目的地吸引力模型"来作为投资潜力评价的基础框架，并糅和了前面分析的 3 个投资影响要素，最终制定了本次评测的指标体系（见表 4 - 6）。

表 4 - 6　　　　　　　　　冰雪旅游投资潜力评价的指标体系

分类	一级指标	二级指标
基础因子 （基础权重 10）	自然资源吸引力指数	自然资源禀赋、产品独特性、复合性、可达性、客源辐射半径指数
	目的地品牌形象指数	网络认知度、网络讨论热度、品牌形象网络评价、负面事件指数
附加因子 （基础权重 5）	人文差异吸引力指数	文化差异性、可标记性、正负向人文事件指数
	目的地城市环境指数	环境友好度、基础设施、综合发展水平
激励因子 （乘数 1.1 ~ 1.3）	产业政策、环境与 城市营销指数	政务治理、产业环境、城市营销能力

通过遴选，本次测评以 28 个省（区市）的 173 个有代表性的冰雪旅游产品（覆盖景区综合体、滑雪场、冰场和乐园各类型）为评分点，使用多源网络数据（包括百度搜索指数；负面事件查询量；客源地市场半径；交通线路；旅行社线路热度；马蜂窝旅游目的地评价；携程、美团、飞猪旅行等的目的地景区、酒店约定数据等）对其做综合评测并层层回溯到旅游城市及区域板块上，再匹配各区域的基础环境综合得分，最终得出我国冰雪旅游领域目前最有投资潜力的五大地域板块如表 4 - 7 所示。

表 4 - 7　　　　　　　　我国冰雪旅游最具潜力的五大区域板块

排名	区域板块
1	京津冀地区（以张家口崇礼区为核心）
2	吉林长白山板块
3	新疆乌鲁木齐至阿勒泰一线地区
4	黑龙江南部地区（亚布力板块及外延）
5	内蒙古呼伦贝尔板块

1. 京津冀地区（以张家口崇礼区为核心）

投资潜力综合得分最高的京津冀地区，集天时地利人和为一体，其地理位置特殊，地貌特征丰富，交通体系成熟，区域经济发达，消费潜力极大，旅游基础完善，对国内外市场都有旅游吸引力。自北京、张家口两市取得2022年冬奥会举办权以来，其市政和交通基础建设更上层楼，区域化合作更为紧密，一体化进程加快，利好政策和资本的汇集于此，冰雪产业发展在全国领先，产业布局向纵深发展。

随着冬奥会的举办，这一地区的冰雪投资潜力持续升温。在受新冠肺炎疫情影响的2020年，围绕崇礼展开的冰雪工程建设从没有停下步伐，如年内京崇高铁开通，支撑起崇礼经济社会发展主骨架。延崇高速、张承高速、G335国道承塔线共同组成最便捷的通道，使崇礼融入北京一小时经济圈。同时，全面推进张榆线、塞北连接支线、万龙连接线、长城岭连接线等5条省道、18条县乡道路的改造，全区形成了四纵三横一环的立体交通网络。

2016～2020年，崇礼已经建成和开工在建的滑雪旅游项目总投资达到370多亿元，相当于过去20年投资总和的近15倍。目前，崇礼已建起功能完备的滑雪场7家，全部进入国内雪场20强；拥有高、中、低级别雪道169条，总长达161.7公里，年接待游客达到442万人次。

2. 吉林长白山板块

吉林长白山板块是我国冰雪资源最优质的富集区之一，也是冰雪旅游资源开发最早的区域之一，在冰雪旅游运营模式和投融资的探索方面也走在全国最前列，如2012万达集团投资了长白山国际旅游度假区，2014年上市的长白山股份号称"A股冰雪旅游第一股"。

经多年经营积累，长白山板块已成为对全国及境外有影响力的优势冰雪旅游品牌。根据长白山管委会旅游文体局统计数据，长白山冬季游客平均年增长20%，2019年冬季游客达到108万人次，初步形成以冰雪娱乐为主的北部雪区，以冰雪加人参文化为亮点的西部景区和冰雪加温泉为特色的南部区域。长白山还设立了100亿元的长白山文化旅游产业投资基金，母基金下设特色城镇投资基金、产业发展基金、旅游并购基金、轨道交通产业基金、生态产业开发基金、温泉产业基金、健康养老产业基金等多个子基金，大力推进了长白山旅游产业升级。

3. 新疆乌鲁木齐至阿勒泰一线地区

新疆乌鲁木齐至阿勒泰一线地区目前已成为西北地区最负盛名、对远距客群最有吸引力的冰雪旅游带。2018 年自治区政府提出加快构建"2+1+N"的冬季旅游发展格局,"2"即以阿勒泰、乌鲁木齐和昌吉为龙头,突出冰雪旅游,挖掘资源潜力,大力开发冬季旅游产品,培育冬季旅游产业链,打造冬季旅游核心支撑品牌。经过两年卓有成效的建设和旅游营销,此冰雪旅游带的战略目标已经达成,其区域投资价值逐渐显露,未来潜力巨大。

据新疆证监局 2020 年 10 月最新披露,目前喀纳斯成为主业在新疆的唯一一家尚在接受上市辅导的旅游企业,有望重回资本市场。喀纳斯景区位于阿勒泰地区,从事景区旅游客运、酒店运营、娱乐项目等业务。近年来喀纳斯地区一直紧扣机遇,大力发展冰雪旅游。2019 年,新疆接待旅游人数突破 2 亿人次,其中冬季旅游人次超千万人。以冰雪旅游为主的冬季旅游已成为新疆旅游的重要内容,特别是雪都阿勒泰,成为引领新疆冬季冰雪旅游的引擎。

4. 黑龙江南部地区(亚布力板块及外延)

黑龙江是我国传统的冰雪旅游优势地区,其优越的地理和气候条件,成为发展冰雪旅游绝佳的基础。但与其他板块相比,黑龙江发展冰雪旅游最大的优势还是其独特的冰雪文化,尤其与当地多民族冬季生活场景深度结合的冰雪民俗文化,这是新开发的冰雪旅游项目/目的地所难以复制的人文旅游内涵,是全国冰雪文化旅游、节庆旅游发展最成熟的地区。2020 年冬季,黑龙江以"冰雪之冠·童话龙江"为主题,推出 15 个冰雪旅游必到必游点、十大冰雪主题玩法、"一城四线"5 条冰雪旅游线路以及十大冬季旅游节庆活动。同时,第十八届亚布力滑雪节、第三十七届中国·哈尔滨国际冰雪节、大庆冰雪渔猎文化旅游节、第二届哈尔滨采冰节、大兴安岭漠河市冬至文化节、2020 中国·黑河试车节暨冰雪嘉年华系列活动、佳木斯东极之冬·三江泼雪节、大庆雪地温泉节、2020 鹤岗雪韵冬乐节、齐齐哈尔雪地观鹤节等十大节庆活动将在黑龙江各地轮番上演。

黑龙江南部地区，是以亚布力为核心外延到哈尔滨及牡丹江两市大部分地区的一个冰雪板块，这一板块是黑龙江冰雪旅游中最精华的区域之一，由于它的冰雪文化、客源地分布和交通可达性优于北部兴安岭漠河版块，因此其综合投资潜力更大。

5. 内蒙古呼伦贝尔板块

内蒙古的呼伦贝尔地区，有"中国冷极"之称，其优越的气候条件、丰富的冰雪资源、多样地形地貌以及少数民族文化，造就了发展区域冰雪旅游得天独厚的优势。近年来，当地政府以"冰天雪地也是金山银山"发展理念，积极探索寒地经济发展模式，开发冰雪旅游体验产品，大力培育冰雪产业，让冷资源迸发热效应，努力打造国际冰雪运动名城和时尚冰雪旅游胜地。目前，呼伦贝尔地区的冰雪旅游环境已经逐步弥补和克服资源开发程度低、资源分散、可达性较差、旅游标识性弱等短板，其旅游项目/产品的投资价值随之彰显，受到资本市场关注，投资潜力不容小觑。

2020年冬季，呼伦贝尔将依托得天独厚的冰雪资源和多彩的民族文化，重点打造冰雪运动之旅、大雪原民族风情之旅、挑战中国冷极之旅、草原森林温泉火车之旅四条冰雪旅游线路，举办呼伦贝尔冰雪日、内蒙古冰雪那达慕、呼伦贝尔冬季英雄会等七大冰雪品牌活动，推出九大冰雪旅游特色产品。

三、后疫情时代冰雪旅游投融资前景

（一）新冠肺炎疫情对冰雪旅游业的影响

2020年初的新冠肺炎疫情对我国冰雪旅游业的影响是直接、剧烈而广泛的。据中国旅游研究院调查，全国范围内严控疫情的2020年2～5月，全国约九成的室内外冰雪场馆处于关停歇业状态，旅行社的冰雪旅游业务几乎全面取消，冰雪旅游目的地的酒店预订和入住率不足往年雪季的一成。涉及冰雪业务的上市公司在 2020 年上半年普遍出现运营资金短缺的问题，多家公司短期负债上升，流动资金紧张的问题到第三季度财报发布时仍没有完全缓解。

据奥促会开展的新冠肺炎疫情对中国冰雪产业的影响调查，约四成的冰雪企业在 2020 雪季的营业收入相比上一雪季（2019 年雪季）降幅达 50% 以上，有 85% 的计划在 2020 年雪季内开展的赛事或活动被迫取消或延期。但即便如此，大多数冰雪企业对冰雪旅游行业的前景仍持乐观态度，仅有 8.4% 企业因新冠肺炎疫情影响而萌生了退出行业的念头。

将时间拨回到 2020 年底，冰雪旅游的回暖从"大概率事件"变成了事实，2020 年"双十一"期间携程平台数据显示，国内滑雪门票和游乐产品的订单量同比 2019 年增长 860%，滑雪主题游产品预订量增长超过 350%。飞猪旅行平台数据显示，2020 年"双十一"期间东北目的地热度大涨 300%，滑雪等冰雪游商品预订量同比涨 110%。央视财经以《这个行业迎来大机会，超 2 亿人次参与!》为题报道了吉林省多个大型雪场相继开板，滑雪者"报复式"回归的盛况。松花湖和北大湖雪场称"开业游客量比去年增加一半以上"。在线旅游平台数据显示，2020 年 11 月 7 日以来，前往长春的每日机票预订量均超去年同期水平。长白山、松花湖度假区酒店价格同比上升 2 成，人均住宿时间比去年多一晚。

从 2020 年雪季情况来看，冰雪旅游已经回归和超过了新冠肺炎疫情前的水平，但长远来看，这场疫情必然会留下很多值得关注的影响，如政府主管部门面对突发事件的预防和应急联动机制；消费者购买和体验习惯的改变；企业经营者对各种经营风险，尤其是财务风险的防范意识等。

（二）冰雪旅游投融资前景分析

从投资总规模来看，2020 年我国冰雪旅游投资并未过度受到新冠肺炎疫情影响，上半年相关企业出现短期流动资金紧张、融资困难的现象，但随着第三季度业务回调、复工复产，大部分企业亏损收窄，流动性基本有保障。从影响冰雪旅游投融资的三个基本面要素——政策（体现为发展方向指导和环境建设）、宏观经济环境（体现为资金供应量）和市场需求（体现为投资收益预期）来看，政策层面依然利好，并且预计国家和各级政府会更多运用环境型政策来改善企业的经营发展环境，尤其是在金融财税方面。同时，也会密集出台需求型政策来促进冰雪人口的普及率，增加体育消费、冰雪旅游消费。目前已经出台的利好政策和举措如下。

2019 年 9 月 17 日，国务院办公厅印发《关于促进全民健身和体育消费推动体育产业高质量发展的意见》（以下简称《意见》）。提出要强化体育产业要素保障，激发市场活力和消费热情，推动体育产业成为国民经济支柱性产业。为贯彻落实《意见》，2019 年 11 月 29 日，国家体育总局、国家发展改革委等部门联合召开电视电话会议，部署进一步贯彻落实《意见》，推动体育产业高质量发展等工作。从会议获悉，我国将以全民健身、户外运动等项目为重点，推动体育产业高质量发展等内容纳入"十四五"规划。

2020 年 2 月 6 日，体育总局办公厅发布了《关于开展 2020 年国家体育总局决策咨询研究项目申报工作的通知》（以下简称《通知》），《通知》要求《体育发展"十四五"规划专题研究——冰雪运动》单独立项，作为重大项目将围绕"十四五"时期冰雪运动发展面临的形势、任务和主要发展思路、政策举措进行重点研究。

2020 年两会期间，国家发展和改革委员会党组成员、秘书长丛亮针对政协委员相关建议，提出将从规划和投资两个层面来推动冰雪产业发展。在规划层面把冰雪产业发展相关内容纳入"十四五"规划。在投资层面，将冰雪运动公共服务设施建设纳入中央预算支持范围，支持冰雪运动场地购置专用设备，同时激发社会力量参与，推动冰雪产业持续健康发展。

在社会资本供应量层面，我国 2020 年前三季度社会融资规模增量累计为 29.62 万亿元，比上年同期多 9.01 万亿元。其中，对实体经济发放的人民币贷款增加 16.69 万亿元，比上年同期多 2.79 万亿元；对实体经济发放的外币贷款折合人民币增加 3052 亿元，比上年同期多 3863 亿元；企业债券净融资 4.1 万亿元，同比多增 1.65 万亿元；政府债券净融资 6.73 万亿元，同比多增

2.74 万亿元；非金融企业境内股票融资 6099 亿元，同比多增 3756 亿元。这些数据表明，我国宏观经济层面受新冠肺炎疫情冲击有限、可控，社会资本供应充足，而且对实体经济的发展持乐观态度，投资意愿旺盛。

在冰雪旅游的市场前景方面，依据国际冰雪产业发展经验，我国即将进入冰雪产业黄金二十年。美国的冰雪产业发展历程已经证明，冰雪产业的发展跟人均 GDP 有强联系，1978 年美国的人均 GDP 是超过了 8000 美元。从这个阶段开始，美国冰雪运动进入人口高速增长阶段，持续了 20 年的稳定增长，此基本规律也适用于我国。2019 年，我国的人均 GDP 已经突破 1 万美元，庞大的人口基础，持续提供的冰雪人口普及率，稳定的冰雪旅游行业规模增速，都预示着行业黄金期的到来。

综上，从对冰雪旅游投融资有直接影响的三要素出发，本书认为冰雪旅行投融资前景整体看好，而随着冬奥会的举办，供需两侧更频繁地摩擦拉扯，不断触发投融资结构的阶段性变化，其中几点变化趋势相对明显。

1. 重资产类投资将放缓，向轻资产类转移

2020～2022 年冰雪旅游投资以冰雪小镇/度假综合体的产品供给为主，随着大量新产品入市接受市场端的检验，真实的运营指标和回报案例成为投资者的参考标准，供应增速会出现减缓回调。场馆类供给将继续维持低速，甚至会出现一些低端产品的退市，根据国家体育总局发布的《2019 年全国体育场地统计调查数据》，以滑雪场为例，2019 年底滑雪场已达 644 座，但很大一部分为面积在 5 公顷以下的雪场，如果经营不善或者遇到不可抗力因素影响，未来可能面临一波退市潮。室内冰场也有类似的问题，一面是客群有限，客单价低，一面是运营成本高企，融资困难，这些产品的生存空间在综合体大幅入市后将备受挤压。另外，冬奥后可能会有一批高规格场馆加入大众市场供给的队列，这也是令投资者对此类产品持谨慎观望态度的重要原因。冰雪景区类产品在未来不会出现大的增加量，以盘活存量资产，搞活多种业态经营为旋律。产业园区产品，落在产业政策、市场需求和社会资本三方利好的区间，将成为未来供应端的增长极。

综上，随着冰雪重资产项目以及基础建设的供给基本到位，整体增量放缓是必然趋势，社会资本的投资方向将从重到轻，向冰雪旅游产品（尤其是城市旅游产品）、冰雪模拟体验产品、冰雪赛事运营、冰雪培训、冰雪竞技、冰雪传媒、冰雪娱乐、冰雪直播、冰雪信息服务、冰雪演艺、冰雪文旅等轻资产方面转移。

2. 上游产业链将加速升级

从产业链上游的冰雪装备制造业来看，未来，国产冰雪设备、冰雪装备、冰雪器材均将出现投融资稳步增长。增长动力主要来自以下几方面：一是在冰雪设备这一重资产投入领域，政策红利将得到进一步释放，从政府加大对产业园区项目开发这一趋势来看，依托于园区优惠的财税政策与其他金融性扶持政策（财政性金融、开发性金融、商业性金融、投资性金融、产业金融和私募股权），"中国制造"现象将逐步缓解上游产业链对外资品牌与外资生产的重度依赖，加速产业良性循环；二是社会资本深度布局，逐渐进入中高端冰雪装备与器材领域，抓住消费回流的历史机遇，促进产业链加速升级。以 2020 年的典型投资事件为例，包括"雪圈王者"——单板滑雪品牌 Burton[1] 与高瓴资本共同成立合资公司，共同运营 Burton 中国业务，以及三夫户外非公开发行 A 股股票，募集资金总额不超过 3 亿元（含本数）用于XBIONIC[2] 高科技时尚运动品牌建设与运营项目。根据公告，募集的 3 亿资金不仅用于 X‒BIONIC 在中国市场的研发和销售，同时也会独立建厂购置设备，在中国落地生产。

---

① Burton 定位 24～39 岁的高净值、高学历人群，也有自己的单板社群，致力于推广单板运动、举办运动赛事，自 1982 年开始举办 Burton 美国单板公开赛至今已有 38 届，这也是创办时间最早的专业单板年度赛事。早在 2003 年 Burton 就已经开始关注中国滑雪市场，2006 年开始赞助中国国家单板滑雪队，2013 年在中国北京成立中国分公司正式进驻中国市场，2020 年与高瓴资本成立合资公司。

② X‒BIONIC 是瑞士知名户外运动品牌，产品涵盖功能内衣、中层、外层、袜子配饰等，适用于跑步、滑雪、骑行、都市休闲等环境穿戴。X‒BIONIC 官网显示，欧洲有超过 20 个国家队使用 X‒BIONIC 的产品作为体育竞赛装备，穿戴 X‒BIONIC 产品的运动员在包括冬奥会在内的国际滑雪大赛中，获得了超过 1120 枚奖牌（该统计自 2013 年至 2019 年）。

3. 中下游品质型供给将现多地布局

从产业链中下游的滑雪、滑冰教育培训市场来看,未来几年,全国具备冰雪旅游先发优势的地区,将率先在下游教培市场吸引更多优质投资及运营方。先有华北地区以雪帮雪业牵头,汇集行业创新力量,形成了八达岭滑雪场、雪帮雪业、雪族科技、魔法滑雪学院、芬兰凯萨卡里奥体育学院、滑呗、GOSKI、青青部落、涟营营地教育、威波豪斯冲浪俱乐部等十家机构成立的八达岭雪帮联盟,共同打造"八达岭全教育型滑雪场"。后有东北地区亚布力慧滑学院的正式启动,首度开启亚布力品牌跨界滑雪教学领域全新征程,以及华中地区(湖南长沙)IDG 资本与爱奇体育共同投资、运营并推广的国际雪联"GISS 爱上雪 – 中国"项目①。多迹象表明经过过去几年的粗放式发展,资本已开始反思滑雪场管理模式的突围、滑雪行业职业教育体系的建立、重新认识"全球最大的初级滑雪市场"以及科技引领创新,并提出以培养"终身滑雪者"为终极目标,关注初次滑雪者,提升初级客群转化率。

---

① "GISS 爱上雪"由国际雪联和中国滑雪协会(CSA)共同认证,并由爱奇体育指定其关联公司尚雪体育独家运营推广,旨在通过可持续、易参与的方式,改善滑雪初学者的体验,提升滑雪运动的参与度和热爱度,促进滑雪运动及滑雪文化发展。"GISS 爱上雪"课程以国际雪联学院专业的教育培训方法为基础,致力于建立初学者滑雪课程及教学体系的全球标准,通过提高初学者和教练员的体验和知识来增加他们对滑雪运动的参与度。作为国际雪联官方授权认证和中国雪协官方指导推荐的体系,"GISS 爱上雪"也将着力于中国校园滑雪标准课程体系与服务的推广普及,针对学校体制定制中国青少年的校园滑雪课程,向中国的儿童和青少年介绍有趣和安全的雪上运动知识。

第五章

"冰天雪地也是金山银山" 的旅游实践[*]

　　2023 年已进入后北京冬奥时代，距离习近平总书记提出"冰天雪地也是金山银山"这一发展理念过去了 7 年的时间。这 7 年来，随着一次次描摹，一层层落实，一步步推进，正是"冰天雪地也是金山银山"从规划蓝图到现实画卷徐徐展开的过程。为了真实客观地反映我国冰雪经济的实践发展情况，本章以实证研究为方法，以经济评价为主视角来展现和评估这 7 年来我国冰雪经济取得的阶段性成果。

　　经济角度，本章以"经济结构的转型图景"为论点，分别从重大资产项目投资、产业结构特征及优化、万亿冰雪旅游市场消费空间、农民工与专业人才就业带动等角度，评估"冰天雪地也是金山银山"的经济效益。社会角度，本章以"社会风貌的蓬勃新生"为论点，分别从公共服务、人口素质、城市更新与乡村振兴四大角度，阐释其社会效益与社会影响。生态角度，本章以"生态环境的永续共生"为论点，分别从大气治理投资规模、旅游重镇和潜力发展型城市的治理效果，阐释其生态效益。科技角度，本章以"科技强国的开拓实践"为论点，分别从专利技术与科技冬奥两大构面，阐释"冰天雪地也是金山银山"的科技效益。

　　"冰天雪地也是金山银山"是辩证唯物主义观的实践体现，主动作为，变劣势为优势，补短板促长板，实现资源、产业、人才、信息、技术等生产要素和谐共振的合理经济增长极，同时不以牺牲生态环境与社会民生为代价。"冰天雪地"是手段，是路径，更是生活方式、发展方式，以人民为中心，为实现人民对美好生活的向往而不懈奋斗。

---

　　* 该部分原载于《中国冰雪旅游发展报告（2022）》，由韩元军、张虹菲等执笔。

一、"冰天雪地也是金山银山"实现路径的演进

（一）规划蓝图

2016 年 3 月 7 日，习近平总书记参加十二届全国人大四次会议黑龙江代表团审议时强调，要加强生态文明建设，划定生态保护红线，为可持续发展留足空间，为子孙后代留下天蓝地绿水清的家园。绿水青山是金山银山，黑龙江的冰天雪地也是金山银山①。全国及冰雪旅游大省相关规划中对"冰天雪地也是金山银山"的论述如表 5 - 1 所示。

表 5 - 1　　　　　全国及冰雪旅游大省相关规划中对"冰天雪地
也是金山银山"的论述

时间	政策/会议名称	相关内容	发布方
2021 年 2 月	《冰雪旅游发展行动计划（2021 - 2023 年）》	为深入贯彻落实习近平总书记"冰天雪地也是金山银山"的发展理念和党中央、国务院关于加快发展冰雪运动和冰雪产业的决策部署，以 2022 年北京冬奥会为契机，加大冰雪旅游产品供给，推动冰雪旅游高质量发展，更好满足人民群众冰雪旅游消费需求，助力构建新发展格局，特制订本行动计划	文化和旅游部、国家发展改革委、国家体育总局印发
2016 年 3 月	"冰天雪地"变"金山银山"专家研讨会	邀请国内知名冰雪、生态旅游专家，探讨进一步挖掘黑龙江冬季旅游资源，做大做强冬季旅游产品，快速有效推动冰雪经济发展	黑龙江省文化和旅游厅
2017 年 8 月	《黑龙江省冰雪旅游专项规划（2017 - 2025）》	习近平总书记在 2016 年两次对黑龙江重要讲话中指出"绿水青山是金山银山，黑龙江的冰天雪地也是金山银山"。在冰雪旅游发展的新形势下，黑龙江省需立足实际，通过规划引领、项目带动，充分发挥固有冰天雪地的自然资源优势，促进冰雪旅游与工业、体育和其他产业融合，实现创新发展、绿色发展、协同发展；大力发展冰雪经济，使之成为黑龙江省经济发展的内生动力，带动提升黑龙江省整体旅游经济实力，建设冰雪经济强省和全国首选冰雪旅游目的地	黑龙江省文化和旅游厅（原黑龙江省旅游发展委员会）

---

① 霍小光．习近平参加黑龙江代表团审议：全面振兴决心不能动摇 [EB/OL]．http：//www. xinhuanet. com//politics/2016 - 03/07/c_1118255027. htm？from = message.

时间	政策/会议名称	相关内容	发布方
2020 年 8 月	《黑龙江省冰雪旅游产业发展规划（2020-2030 年）》	以习近平新时代中国特色社会主义思想为指导，全面贯彻落实党的十九大精神，深入贯彻落实习近平总书记对黑龙江省重要讲话、重要指示精神和"绿水青山就是金山银山，冰天雪地也是金山银山"的重要理念，坚持稳中求进工作总基调，坚持新发展理念，坚持推动高质量发展，以供给侧结构性改革为主线，聚焦旅游强省建设，借鉴国际先进发展理念和经验，发展冰雪旅游新目的地体系，创新冰雪旅游新产品，构建冰雪旅游品牌线路，扩大冰雪旅游群众基础，完善冰雪旅游新服务，引导建设完备的冰雪装备制造产业体系，提高黑龙江省冰雪旅游品牌知名度，推动黑龙江省冰雪旅游的可持续发展	黑龙江省人民政府
2021 年 1 月	《吉林省冰雪产业高质量发展规划（2021-2035 年）》	以习近平新时代中国特色社会主义思想为指导，打造践行"冰天雪地也是金山银山"理念先行区、"三亿人参与冰雪运动"重要承载区、寒地冰雪经济高质量发展示范区	吉林省人民政府

（二）现实画卷

历届冬奥会的实践证明，冬奥会的"白色效应"对举办国的经济、文化、科技发展具有阶段性的促进作用，如果能因地制宜地利用好冬奥盛会举办的契机，其阶段性的带动效应还将与举办国的长期发展深度结合，从而更深远地影响其政治、经济、文化、科技及国家的整体社会面貌。根据《世界经济展望》预测，中国政府通过冬奥会的举办，可使中国经济在 2016～2024 年保持住现有的经济体量和增速，对世界经济增长的贡献率亦可保持在 30%～50% 的高位区间。

面对这一重大利好的发展机遇，"冰天雪地也是金山银山"理念的提出恰逢其时，且起到承上启下之效，其向上承接了我国经济发展模式转型的落实深化，以及将生态文明融入国家发展总体布局的战略方针，向下则指导着我国新阶段冰雪经济的战略规划、计划部署和实践落地，同时也向社会释放出中国政府对于成功举办本届冬季奥运会，并以此为契机大力发展冰雪经济的决心与信心。

以此为工作起点，2016 年 11 月，国家层面密集出台了一系列促冰雪经济发展的目标规划和实施方案，如《冰雪运动发展规划（2016 - 2025 年）》《群众冬季运动普及推广计划（2016 - 2020 年）》《全国冰雪场地设施建设规划（2016 - 2022 年）》等，对"冰天雪地也是金山银山"这一顶层蓝图做出全局性、系统性诠释和分解部署。随后几年，紧跟以备战北京冬奥会为阶段目标的冰雪经济发展进程，国家又陆续出台了《京津冀健身休闲运动协同发展规划（2016 - 2025 年）》（2017 年 9 月印发）、《"带动三亿人参与冰雪运动"实施纲要（2018 - 2022 年）》（2018 年 9 月印发）、《关于以 2022 年北京冬奥会为契机大力发展冰雪运动的意见》（2019 年 3 月印发）、《冰雪装备器材产业发展行动计划（2019 - 2022 年）》（2019 年 5 月印发）和《关于促进全民健身和体育消费推动体育产业高质量发展的意见》（2019 年 9 月印发）等重要文件，对促冰雪经济发展工作再次做出阶段性的统筹推进。而到了临赛期的 2020 ~ 2021 年，根据冰雪经济新发展阶段中的新变化、新问题和新需求，又制定出台了《关于加强全民健身场地设施建设发展群众体育的意见》（2020 年 10 月印发）、《冰雪旅游发展行动计划（2021 - 2023 年）》（2021 年 2 月印发）和《"十四五"体育发展规划》（2021 年 10 月印发），以及冰雪运动安全、冰雪制造、冰雪服务等一系列相关国家标准，再次对冰雪经济的前景规划和政策保障体系做出了完善补充和细部刻绘。

根据国家冰雪经济的战略规划，各地政府因地制宜推出当地促进冰雪经济发展规划和实施方案。目前，全国已有 20 多个省份、30 多个城市根据相继出台了促进冰雪经济发展的专项规划或细化方案。这些国家和地方的规划、方案、指导意见及标准化文件共同搭建组成了我国促进冰雪经济发展的政策谱系，形成了一个以规划纲要为导航，以需求侧拉动、供给侧推动举措为双驱动，以各类保障服务机制和标准规范作为稳定器的政策系统，全方位地引导和支撑着冰雪经济实践工作的开展落实，推动着我国从冰雪资源大国向冰雪经济强国的跃迁。

二、"冰天雪地也是金山银山"经济结构的转型图景

（一）投资：政府牵引，社会跟进

1. 政策引导和政府投资有力引动社会投资

冰雪场地供应问题是制约我国冰雪运动普及和冰雪经济发展的重大瓶颈。我国的冰雪场地问题实际上存在总量和结构性两方面，从总量上说，我国冰雪场地一直偏少，且在进入 21 世纪以前增长极为缓慢，21 世纪后增量才逐渐明显，根据 2015 年的统计，当时我国滑雪场的数量为 500 余座，雪道总长度约 1000 千米，总面积约 3000 万平方米，滑冰场数量为 200 余个，相对我国这样的人口大国，其冰雪场地的人均占有量更是偏低。

而冰雪场地的结构性问题，同时体现在地域结构、规模结构和类型结构的分布上。地域结构的形成源于资源依赖和先发效应，目前全国 60% 以上的冰雪场地分布三北地区（东北、华北、西北）；规模结构的缺陷是我国申办 24 届冬奥会成功前，全国存量冰雪场地以小规模为主，当时我国滑冰场中半数以上的场地面积均在 1000 平方米以下，最小的仅 200 平方米。虽有滑雪场地 500 余座，但从雪道面积看，85% 的雪场雪道面积不足 5 万平方米，其中近半数的滑雪场仅有一条雪道；而类型结构问题就更为突出，长期以来我国冰雪场地主要为单一的运动型场地，娱雪戏雪类休闲项目、综合游购娱项目及旅游度假型项目非常稀少。

2015 年北京冬奥会申办成功、2016 年我国冰雪经济正式进入重点发展序列后，在冰雪市场的爆发、政策和政府投资的引导下，大量社会资本涌入冰雪领域，尤其是结构性缺位和长期回报利好的重资产类冰雪场地建设和运营项目。由于这一轮冰雪领域的投融资是由市场机制起资源配置的核心作用，更加有效地调节了我国冰雪场地的结构性问题，虽然三北地区（东北、华北、西北）仍是冰雪场地供应量增加的重点板块，但本轮我国西南、华东和

中南部的冰雪场地供应量在资本的促动下增加量远超过去，呈现出了新的发展格局和想象空间。

根据中国旅游研究院冰雪课题组不完全统计，2018～2021年建成的较大投资规模的重资产类冰雪建设项目157个；2018～2020年冰雪旅游重资产项目的总投资规模近9000亿元，2021年新增重资产项目投资总额约900亿元；2018～2021年三北地区（东北、华北、西北）吸纳的投资金额占比达到了47.9%，而其余四区（西南、华南、华中、华东）的投资金额占比达到了52.1%（见图5-1）。

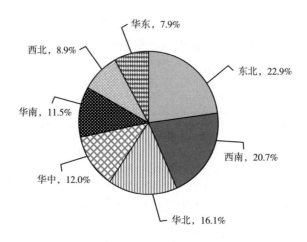

图5-1 2018～2021年各大区冰雪旅游重资产项目投资额占比

2018～2021年，从各省份投资额度排名来看，吉林、湖北、广东分列资本吸金前三甲，均达到千亿元规模左右。奥运省份河北位列第四，江苏、四川、重庆、云南、黑龙江，吸金额度也都达到了500亿元以上。

2018～2021年，在冰雪市场的爆发、政策和政府投资的引导下，大量社会资本涌入冰雪领域，社会投资额度占比约86%，政府投资或主导投资的额度占比约14%（见图5-2）。

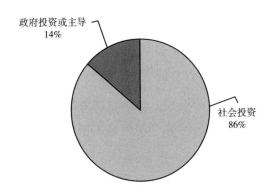

图 5 - 2　2018 ~ 2021 年冰雪旅游重资产项目投资额分布

资料来源：课题组根据自有研究绘制。

本轮投资中最大的变化是供应冰雪场地的类型多样化，不限于常规定位的运动场馆（滑雪场馆、滑冰场馆），而是向冰雪游艺/旅游类项目（即主题乐园、冰雪小镇、度假区、综合体等类型）倾斜，同时还包括少量的冰雪产业园区类开发项目。其中，综合旅游类项目投资金额最高，在总投资中占比高达 60%，投资市场对冰雪小镇、冰雪主题度假区及冰雪综合体类型项目看好；冰雪娱乐场馆类项目的投资额占比约为 33%，也是最近几年社会资本投资的热点；其余的两个类型中，常规的运动场馆类项目投资占比 6%，新兴起的冰雪产业园区投资占比 1%（见图 5 - 3）。

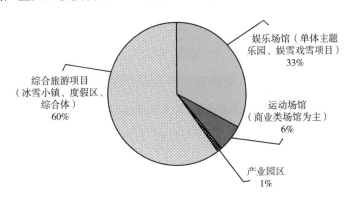

图 5 - 3　2018 ~ 2021 年各类型冰雪旅游场地重资产项目投资额分布

资料来源：课题组根据自有研究绘制。

经过这一阶段的积极投资和跃进开发，根据《2020 年全国体育场地统计调查数据》，截至 2020 年底，我国拥有冰雪运动场地 1888 个，场地面积 0.67 亿平方米。其中，滑冰场地 1187 个，占到 62.87%；滑雪场地 701 个，占到 37.13%。对照 2016 年发布的《全国冰雪场地设施建设规划（2016 – 2022）》的规划目标："到 2022 年，全国新建滑冰馆数量不少于 500 座，使全国滑冰馆数量不少于 650 座；新建滑雪场不少于 240 座，使全国滑雪场数量不少于 800 座；雪道面积不少于 7000 万平方米。" 可以说已经基本达成。同时我国的冰雪场地供给格局发生了根本性转变，在项目的地域分布、类型和规模结构上都更趋于合理，也更有利于整体冰雪经济的扩容和纵深发展。

2. 交通基建极大提升冰雪目的地可进入性

冰雪旅游重资产项目尤其是大型的、综合类项目的持续增加，对其旅游目的地周边的基础设施尤其是交通基础设施提出了更高要求。因此，2016 ~ 2021 年，我国以发展冰雪经济为契机，向冰雪旅游交通基建项目进行倾斜性地投入，兴建完成了一批对当地交通状况影响重大的交通基础设施，极大地提升了当地冰雪旅游项目的可进入性。根据课题组统计，我国 2016 年以来建成的或在建的冰雪旅游交通项目共计 128 个，投资总额达到 24666 多亿元。

我国这一阶段冰雪旅游交通基建的重心在铁路类项目上，其投资额度最高，2016 ~ 2021 年我国共投资兴建有 41 个铁路类项目（包括专线高铁、旅游高铁、城际铁路），投资总额约为 18726.2 亿元；其次是公路类项目，2016 ~ 2021 年兴建的公路类项目（包括旅游目的地周边普通公路和高速公路）共 49 个，投资总额约 2770.1 亿元；同时兴建有交通枢纽类项目（包括机场、客运站等各类转运换乘中心）30 个，投资总额约为 2843.9 亿元；其他项目（桥梁、通道、管廊等项目及保障工程）8 个，投资总额约 326.3 亿元。如图 5 – 4 所示。

除了投资兴建硬件交通基础设施，为了配合北京冬奥会引发的冰雪旅游运力需求，各冰雪旅游目的地城市的旅游和交通部门还开通了跨省份和区域的冰雪旅游专线高铁、航线或公路客运线路，如华北地区开通有京津冀冰雪

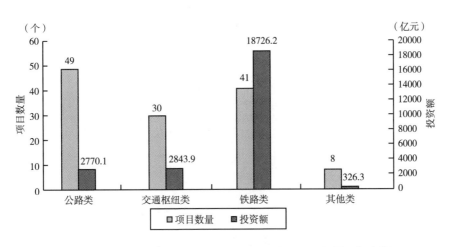

图 5 - 4 2016～2021 年中国冰雪旅游交通基建项目数量和投资额

资料来源：课题组根据自有研究绘制。

文化旅游专列、京张（北京—张家口）高频滑雪专列、张家口冬奥旅游班列、北京—内蒙古兴安岭和乌兰察布的旅游专列等；东北地区开通有长春直飞长白山的"长长飞"旅游空中巴士航线、雪乡旅游专列、亚布力号冰雪旅游专列；而冰雪旅游客源地集中的华东、南部省份也针对性增加了多条通往京张和东北地区的冰雪旅游航线和高铁线路。

从地域板块吸纳的冰雪旅游交通基建资金额度来看，由于原交通基建基础薄弱，2016～2021 年西南地区吸纳的冰雪旅游交通基建投资最多，达到 11867.5 亿元；其次是本届冬奥会举办城市所在的华北地区，吸纳资金约为 6486.5 亿元；再次是冰雪旅游资源丰富但基建水平相对滞后的东北地区，2016～2021 年共吸纳冰雪旅游交通基建资金 2811.8 亿元；西北地区紧随其后，获得的冰雪旅游交通基建投资额约为 2283.8 亿元；而交通基建基础较好的中南和华东地区，冰雪旅游基建项目的投资额分别为 695.5 亿元和 521.5 亿元。如图5 - 5 所示。

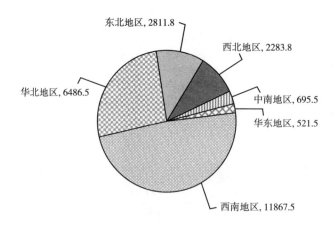

图 5 – 5　2016～2021 年各区域冰雪旅游交通基建投资额（单位：亿元）

资料来源：课题组根据自有研究绘制。

（二）产业：规模扩容、结构优化、区域优势板块初成

1. 从"萌芽震荡"到"稳步发展""扩容提质"

中国旅游研究院冰雪课题组通过天眼查信息平台对企业经营范围做关键词查询，并对结果做数据去重，估算截至 2021 年末，在我国境内注册经营冰雪旅游相关业务的企业数量约为 7266 家。

1991～2021 年，我国冰雪旅游及相关产业经历了"从无到有""由弱渐强"的发展阶段。从 1991 年的全国范围内不足 50 家，到 2021 年超 7000 家的庞大产业网络，30 年平均年增长率高达 20.6%（见图 5 – 6）。20 世纪末的最后 10 年，为冰雪旅游产业的"萌芽震荡期"，产业基础薄弱，产业基本盘较小，增长率略显震荡。进入 21 世纪初十年，逐渐进入"稳步发展期"，企业基数从百家稳步增长到近千家规模，有力扩充了产业发展的基本盘。自 2011 年起，企业数量从千家进一步加速扩充，涨幅至 6 倍以上，"扩容提质"是这一阶段的主要特征。

"扩容提质"阶段又分为两个关键历史发展期：一是 2015 年之前的"前冬奥"阶段，产业持续扩张，蓄势待发。其中，2014 年国务院发布的《关于加快发展体育产业促进体育消费的若干意见》中首次明确指出，"发展冰雪

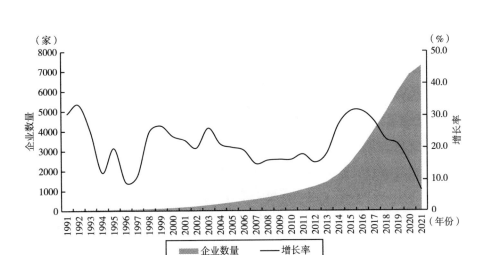

图5-6 1991~2021年冰雪旅游相关企业数量及增长率

资料来源：课题组根据自有研究绘制。

特色运动，促进相关体育消费"的方向，2014当年相关企业增长率高达27%，已为下一阶段的高速增长"积极蓄势"。二是2015年申冬奥成功后至今，产业先后呈现"高速扩容""提质保量"的发展特征。2015年，我国成功申办2022年冬奥会，当年相关企业增长率猛增至31.2%，2016年，习近平总书记提出"冰天雪地也是金山银山"规划蓝图，当年相关企业增长率达到历史峰值31.3%。

2. 链条趋长、多元一体的产业链全面生成

根据中国旅游研究院冰雪课题组统计，1991~2021年，累计新增企业中，服务业（含技术、商务、互联网、金融和社会服务等）与体育业企业各占比1/3，支撑起冰雪旅游行业的"半壁江山"。批发、零售、娱乐业各占约8%，制造业、文化传媒、餐饮业分别占比2%~3%，住宿、教育、租赁业崭露头角，各占1%左右。如图5-7所示。上游体育业与中游服务业共享半壁江山，上游批发和零售、中游旅游与教培服务、下游文化传媒及租赁后市场"多点卡位"，产业呈现链条趋长、多元一体的发展特征。

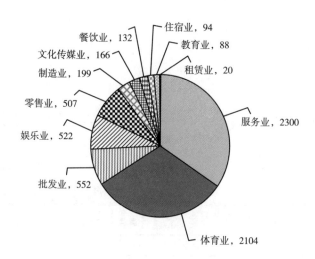

图 5 - 7 1991～2021 年累计新增企业数量行业分布（单位：家）

2010～2022 年，服务与体育行业的企业数量占比，基本呈现稳步上升的态势（见图 5 - 8）。其中，服务业包括技术、商务、互联网、金融和社会服务等细分行业。以"商务服务业"为例，根据天眼查数据库，大量商务服务业企业，为滑雪场、度假小镇、冰雪旅游度假区等持有重大资产项目的企业。而"体育类"企业，则主要由滑雪/滑冰场所/场馆、俱乐部、协会构成。产业结构的不断优化，再次验证了 2015 年北京冬奥会申办成功、2016 年我国

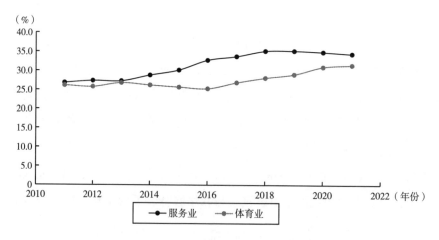

图 5 - 8 2010～2022 年服务业和体育业企业数量占比

资料来源：课题组研究整理。

冰雪经济正式进入重点发展序列后，冰雪市场的爆发、政策和政府投资的引导下，大量社会资本涌入冰雪领域，尤其是结构性缺位和长期回报利好的重资产类冰雪场地建设和运营项目。

2010～2022年，批零行业、娱乐行业占比有小幅下降，但2016年以来逐渐趋稳。其中，批零行业既包括相关装备、用品，也包括相关器材、设备。而纯制造业则呈现占比下降的趋势。如图5-9所示。

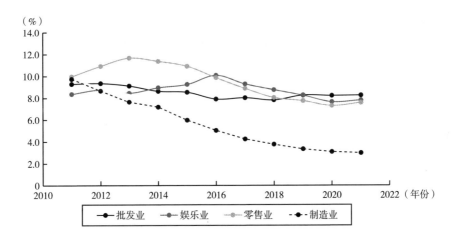

图5-9 2010～2022年批发、零售、娱乐、制造业企业数量占比

资料来源：课题组根据自有研究绘制。

2010～2022年，餐饮和住宿业占比呈现下降趋势，文化传媒的占比趋于稳定，教育培训的企业数量占比则呈现显著上升，同时"崭露头角"的还有"租赁业"。如图5-10所示。

3. "冬奥"助力"后市场"，"双减"催生"教培热"

冰雪电商、冰雪培训、冰雪场馆运营、冰雪赛事运营、冰雪信息服务等相关领域，作为服务"后市场"，大多位于冰雪产业链下游，且部分为能够获得风险投资的初创型企业。根据公开可查的融资金额，2015～2020年获得风投的"服务后市场"企业，融资总额约为2亿元。2021年，资本加速了对于服务型"后市场"的布局，仅2021年公开可查的融资总额即达到3.83亿元，远高于前序年份的可查融资总额。

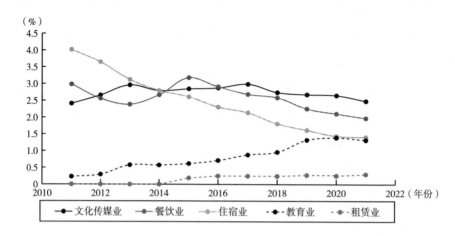

图 5-10   2010~2022 年文化传媒、餐饮、住宿、教育、租赁业企业数量占比

资料来源：课题组根据自有研究绘制。

表 5-2 **2021 年公开可查的融资企业及融资金额** 单位：亿元

2021 年获得融资的企业	核心服务	融资金额
SNOW51	滑雪培训机构	1
雪乐山	滑雪培训机构	1
GOSKI	滑雪社交平台	0.53
极限之路	极限运动服务平台	0.45
"滑呗"（北京粉雪科技有限公司）	滑雪智能科技	0.4
奥雪文化	滑雪装备零售	0.2
"去哪玩滑雪"（去哪玩（北京）网络科技有限公司）	滑雪服务平台	0.15
万域芳菲	花样滑冰培训	0.1（最小估算）

资料来源：课题组根据自有研究绘制。

另外，2021 年推出的"双减"政策，重构了国内教培行业，加速了原本就看好冰雪培训市场的资本布局。在 2021 年获得融资的企业中，融资规模最高的两家企业，均为滑雪培训机构（SNOW51、雪乐山），分别公开获得 1 亿元融资。其中，滑雪连锁品牌雪乐山 2015 年成立于北京，2020 年产业因新冠肺炎疫情短暂遇冷，雪乐山的很多门店开在商场中，商场的关闭曾对雪乐山的经营造成了不小影响。但公司选择在这一段时间苦练内功，等待机遇。2020 年 10 月，雪乐山收购雪奥山室内滑雪，继续拓展在北京地区的布局。2021 年，雪乐山完成了 1 亿元的新一轮融资，由正心投资领投。资金将用于进一步在品牌宣传、雪具销售、赛事筹办等领域的业务拓展，并加速在全国范围内的门店拓展和布局。目前，雪乐山门店在全国已接近 100 家，拥有超过 50000 名学员，接待超过 300000 人次的滑雪体验。再获融资后，有望进一步扩张版图。此外，2021 年 6 月获得新东方战略投资团队千万级 A 轮融资的北京万域芳菲文化发展有限公司，也是以青少年花样滑冰培训为主营业务的企业。

4. 河北、黑龙江领跑"临赛年"产业活跃度

根据课题组统计，2021 年新增注册企业数为 440 家，注册企业数量同比上年下降 0.5%，呈现微降态势。2021 年，从新增注册企业数量分布来看，河北、黑龙江居前二甲，两省注册企业总量为 129 家，在全国冰雪企业注册数量中占据近三成份额。吉林、广东、北京位列第二梯队，共计 91 家，占 21% 的份额。内蒙古、辽宁、湖南和新疆位列第三梯队，共计 75 家。2021 年新增企业注册数排前八名的城市依次是哈尔滨、沧州、北京、深圳、张家口、吉林、长春和长沙。

（三）消费："三亿人上冰雪"催生万亿市场空间

作为冰雪经济两大驱动之一的需求侧，其核心是解决好我国冰雪人口规模扩容的问题，只有达到一定的冰雪人口基数，才能形成有效消费需求和市场规模，拉动供给侧的发展提升，并促进社会资本注入冰雪领域，参与冰雪项目开发和产业投资中，从而在根本上保障冰雪经济长期、稳步、健康地发展。

长期以来，冰雪运动在我国一直属于小众运动，大众普及率低，2015 年全国冰雪运动客流调查显示，当年我国直接参与冰雪运动的人数在 1200 万人左右，在全国总人口中占比不足 1%；而另一项更早前的调查显示，我国 21

世纪前十年曾参与各种冰雪活动（冰雪运动、冰雪旅游和冰雪节庆赛事等）的人口比例仅为4%左右。究其原因，主要是我国天然冰雪资源的时空分布非常不均衡，冰雪运动场地长期供应有限、类型单一，覆盖的区域和人口有限，同时冰雪运动的成本相对其他大众型运动较高（主要体现在场地费用和装备消费上），其他还有诸如安全性、认知度等因素。

针对这些成因并借北京申办24届冬奥会成功的东风，我国政府通过多方举措促进冰雪运动的大众普及，从20世纪就开始布局的"南展—西扩—东进"战略加速实施，成效显著，冰雪运动基本覆盖全国各省（区市）；各地大力增加冰雪运动场地的供给量，运动场馆和冰雪旅游产品数量激增；冰雪室内场馆的兴建入市和冰雪科技打破了传统冰雪运动的季节性；冰雪运动装备加速国产化进程，不断降低入门门槛；各地推行"百万青少年上冰雪"和"校园冰雪计划"，促进青少年冰雪运动的普及，进而带动冰雪运动在成年人中的认知度和参与度；各冰雪旅游目的地积极开展丰富多样的冰雪节庆赛事活动，目前全国已开发出十几个有跨区域影响力的冰雪节品牌，每年举办近千场的节庆赛事活动……这些举措共同促进了冰雪运动在我国以前所未有的速度、广度和深度在大众中普及开来。

这些举措的成果体现在数据上，就是我国冰雪人口数量的快速攀升。据《2020中国滑雪产业白皮书》统计数据显示，2020～2021年我国滑雪人次达到2076万人次，预计全国滑雪人口在总人口中的比例已接近2%，相对于2017年时1%的滑雪人口比例，滑雪人口已经翻了一番。据《疫情影响下的全国冰雪运动参与和消费报告》统计，2019～2020年冰雪季，在冰雪运动的参与群体中，年度参与次数在3次及以上的"深度参与者"占比为41.2%。在冬季之外的季节，仍有27.2%的人参与冰雪运动。根据《中国冰雪产业发展研究报告（2021）》统计，在冰雪旅游市场方面，预计到"十四五"规划末期的2025年，我国冰雪旅游人次将超过5亿人，冰雪旅游收入将超过1.1万亿元，在整个体育产业中占比接近1/5。

（四）就业：赋权农民工与专业人才缺口并存

"白色经济"产业链中游的场地、旅游及相关配套服务，作为典型服务业创造了大量就业机会，农民工与专业人才成为机会平权的主角。

农民工方面，以冰雪旅游大区东北地区为例，根据《2020年农民工监测调查报告》统计，2020年，东北地区外出农民工省内流动占比为71.2%，显著高于中部与西部地区①，且省内就业农民工占外出农民工的比重分别比上年提高1.0个百分点。东北地区就业的农民工月均收入3574元，比上年增加105元，增长3.0%，增速高于中部、西部两大地区就业的农民工。以冰雪旅游为核心，上下游为配套的产业链，在一定程度上降低了农民工的流动性，提供了冬季"农闲"场景下的就业机会，丰富了农民收入的渠道来源。以吉林为例，经过持续打造，该省冰雪产业已经走出一条全产业发展的新路，也为农民工提供了包括造雪工、索道司机、救护员等多个类型的就业岗位，让他们的冬天也变成收获的季节。

专业人才方面，我国冰雪产业发展历程短、基础薄弱，导致冰雪运动培训体系不健全、无法配合市场发展的速度，成为冰雪产业发展的薄弱环节，主要体现在三个方面：一是培训需求与滑雪指导员数量严重不足；二是大滑雪场馆剧增，专业管理人员、专业技术人员却严重缺乏；三是竞技运动员培训需求增大而专业教练员稀缺。根据相关预测，到2022年，滑雪行业场地专业人才需求量约为20900人。2016～2021年，全国及各省份冰雪旅游、冰雪运动相关规划中，均提及了有关完善冰雪运动后备人才培养体系、加大人才培育力度的有关内容（见表5-3）。值得一提的是，江西、湖南等南方省份，也相继出台了冰雪运动发展的专项规划与实施意见，其中不乏跨界、跨项选材等突破地域短板的发展策略。

---

① 中部地区包括：山西、安徽、江西、河南、湖北、湖南6省份；西部地区包括：内蒙古、广西、重庆、四川、贵州、云南、西藏、陕西、甘肃、青海、宁夏、新疆12个省份。

表 5 – 3   2016～2021 年全国及各省份冰雪相关规划中
对于专业人才培养的表述

时间	政策名称	相关内容	发布方
2016 年 11 月	《冰雪运动发展规划（2016 – 2025 年）》	完善冰雪运动后备人才培养体系。全力备战 2022 年冬奥会，以《2022 年北京冬季奥运会备战工作计划》、《冬季项目竞技体育后备人才中长期规划》为引领，完善以各级各类体校、体育学院和专业队为主，以大中小学校和社会培训机构为辅的人才培养体系。加强高水平后备人才基地的建设，改善后备人才培养的训练设施和师资条件。打通冰雪运动项目和夏季运动项目后备人才的培养渠道，鼓励人才共享	国家体育总局
2019 年 2 月	《加大力度推动社会领域公共服务补短板强弱项 提质量促进形成强大国内市场的行动方案》	以举办 2022 年冬奥会和冬残奥会为契机，大力发展冰雪运动，加强冰雪人才培养，提升群众普及水平	国家发改委、教育部、体育总局等 18 部委联合印发
2021 年 2 月	《冰雪旅游发展行动计划（2021—2023 年）》	加大人才培育力度。鼓励有条件的地区建设冰雪旅游院系，培养冰雪旅游专业人才。鼓励相关行业人才参与冰雪旅游的发展，培养复合型冰雪旅游人才。支持冰雪专业教练员、运动员、社会体育指导员投身冰雪旅游，完善以各级各类体校、体育学院为主，以大中小学校和社会机构为辅的人才培养体系。鼓励有条件的地方试点建设冰雪旅游学校，加强冰雪项目社会体育指导员队伍建设	文化和旅游部、国家发展改革委、国家体育总局印发
2016 年 2 月	《北京市人民政府关于加快冰雪运动发展的意见（2016 – 2022 年）》	制定竞技冰雪运动优秀运动员和教练员的引进、聘用办法，以及协议运动员奖励办法等相关政策，对符合本市人才引进政策条件的，予以优先解决。对冰雪运动优秀运动员、教练员、高级管理人员，在教育办学、人才培养、国际交流等相关手续办理方面开辟绿色通道。支持社会资本创办各类冰雪体育创业孵化服务机构，鼓励退役运动员、大学生等积极参与冰雪体育创业。对在京注册的冰雪体育服务类、科技类企业、社会团体和经认定的创新型冰雪体育孵化服务机构新建、购买、租用办公用房的，按相关政策给予补贴支持	北京市人民政府

时间	政策名称	相关内容	发布方
2017年8月	《黑龙江省冰雪旅游专项规划（2017－2025）》	引进国际国内冰雪专项研究专家学者，扩大国际冰雪智库联盟人才队伍，聘请国内外冰雪旅游产业、滑雪运动行业专家和学者组成"冰雪旅游产业发展咨询专家小组"，在指导黑龙江冰雪旅游产业发展的同时，对管理和从业人员进行培训。加大与奥地利、日本、加拿大、俄罗斯、韩国等国的交流合作力度，加强冰雪运动人才以及赛事组织、场馆建设运营等方面专业人才的培养和培训。以高校和研究机构为依托，重点培养冰雪旅游度假规划设计、营销、冰雪运动教练等冰雪产业应用型人才，建立冰雪产业研究机构	黑龙江省文化和旅游厅（原黑龙江省旅游发展委员会）
2018年5月	《北京2022年冬奥会和冬残奥会人才行动计划》	面向直接参与筹办工作的人才队伍，组织实施国际优秀人才集聚、工作人员队伍建设、竞赛管理人才开发、专业技术人才培养、竞技体育人才发展、志愿服务行动、合同商人才联络培养7个专项计划，其中有的专项计划已在实施过程中；面向社会层面的其他相关人才队伍，组织实施城市运行人才队伍开发、青少年奥林匹克教育、群众体育骨干人才培养、创新创业人才发展4个专项计划	北京冬奥组委、国家体育总局、中国残联、北京市政府、河北省政府联合发布
2019年3月	《冰雪产业技能人才培养储备计划实施方案》	全省实施冰雪产业技能人才培养储备计划，实施五项专项技能人才培养计划，分别为"高精尖缺"技能人才培养支持计划、现代服务业技能培养启航计划、雄安新区技能人才培养提升计划、新型职业农民和农村实用人才培养振兴计划、冰雪产业技能人才培养储备计划。2019~2022年，每年培养冰雪产业技能人才不低于1万人	河北承德、张家口
2019年4月	《江西省冰雪运动产业发展规划（2019－2025）》	贯彻体育总局跨界跨项选材精神的要求，积极配合相关部门开展江西冰雪跨界跨项选材工作，为2022年北京冬奥会比赛项目选拔和输送人才。加大对冰雪运动竞技人才的培养，鼓励省内高等院校、科研院所和职业技能培训机构等设立冰雪运动研究中心，将冰雪项目作为健身休闲相关专业的培养专项，通过院校合作、联合培养、交流引进等多种渠道，培养和引进具有完善冰雪知识体系、较高冰雪运动技能、丰富的冰雪运动产业管理、场馆运营、赛事执行经验的全方位、高素质冰雪运动人才；鼓励各地通过"引智工程"，建立院校合作、联合培养、交流引进等多种渠道引进和培养冰雪运动专业人才，按相关政策予以资助；完善政府、用人单位和社会互为补充的多层次人才激励机制，奖励在冰雪运动技能培训、经营管理、自主创新等方面做出突出贡献的人才。发挥行业协会、高等院校、社团俱乐部和企业等各类力量，充分利用多样化教育资源开展冰雪人才培养，定期举办冰雪运动社会体育指导员培训，规范冰雪运动人才市场，为冰雪持续发展补充人才资源	江西省体育局、江西省发展和改革委员会、江西省教育厅、江西省文化和旅游厅

续表

时间	政策名称	相关内容	发布方
2019年12月	《关于加快发展湖南省冰雪运动的实施意见》	以备战2022年冬奥会和全国冬运会为契机,建立校园冰雪与社会培训机构相互贯通的人才培养体系。打通冰雪运动项目和夏季运动项目后备人才的培养渠道,鼓励人才共享。积极开展"轮转冰"工作,打通轮滑和滑冰两个项目之间的通道,扩大上冰人口,培养冰雪运动人才。到2025年全省培训2000名具有专业资质的教练员、冰雪项目技术人员	湖南省体育局、湖南省发展和改革委员会、湖南省教育厅、湖南省财政厅联合印发
2021年1月	《吉林省冰雪产业高质量发展规划(2021-2035年)》	实施"冰雪产业人才培育计划"。推进"冰雪产业柔性引才工程"。完善"冰雪产业人才保障政策"	吉林省人民政府
2021年3月	《吉新两省区共建中国(长白山脉—阿尔泰山脉)冰雪经济高质量发展试验区工作方案》	启动冰雪人才培养和人员交流,互派政府、企业人员挂职、任职和开展交流活动。依托吉林冰雪人才培训基地,为新疆冰雪旅游产业发展免费培训100人。加大对新疆维吾尔自治区旅游管理、冰雪运动、市场营销、旅游规划等高端专业人才培养力度,选派50个冰雪旅游产业骨干到吉林省高等院校、科研院所进修学习。加强越野滑雪、高山滑雪、速度滑冰和冰球等方面的后备人才培养	吉林、新疆两省份政协

三、"冰天雪地也是金山银山":社会风貌的蓬勃新生

(一)人口素质:全民意识觉醒

根据《中国冰雪旅游消费大数据报告(2019)》《中国冰雪旅游发展报告(2020)》《中国冰雪旅游发展报告(2021)》统计,2017~2018年冰雪季我国冰雪旅游人数达到1.97亿人次,冰雪旅游收入约为3300亿元,分别比2016~2017年冰雪季增长16%、22%;2018~2019年冰雪季中国冰雪旅游人数达到2.24亿人次,冰雪旅游收入约为3860亿元;2020~2021年冰雪季,全国冰雪休闲旅游人次达2.54亿人次,冰雪休闲旅游收入约为2694亿元。全国范围内参与民众的数量趋近于"三亿人"总目标,"全民意识"的逐渐觉醒,是供给侧驱动下"白色经济"对人口素质全面影响的"基本盘"。

根据测算,"80后"和"90后"是冰雪旅游的主力军,占2020年冰雪旅游客群的52%。"80后"与"90后"群体的年龄介于30~40岁,也是家庭消费的主力社会群体、冰雪运动代际传承中的动力"主角"。中国调查与数据中心显示,2018年,83.4%的民众第一次参加冰雪运动年龄小于30岁,其中,48.7%的群众年龄小于20岁。45.7%的受访者家里有正在上学的孩子,在这一群体中,14岁以上孩子在学校接受冰雪运动教育课程的仅有13.9%。总体来看,仅有3.9%的孩子在学校接受冰雪运动教育课程。其中,传统冰雪运动省份地区有13.8%孩子接受这类课程,西北、华北其余省份为4.0%,南方省份仅为1.6%。居住地附近缺乏运动场地和时间因素作为阻碍大家参加冰雪运动的两大主要因素,分别占比69.0%和40.7%。而到了2021年,冰雪运动在青少年群体中的普及有了质的飞跃。《2021中国青年参与冰雪运动情况报告》显示,有30%以上的青少年群体参与过冰雪运动,超过60%的青少年看好冰雪运动在我国的未来发展,为"三亿人参与冰雪运动"提供了重要支撑。此次参与调查的受访者中,近9成样本年龄集中在18~21岁,93.8%的样本为在校学生。每年参与1~5次冰上运动或雪上运动的青少年比例较高,分别为81.5%和62.7%,室内外的冰场和滑雪场成为人气最旺的打卡地。北京冬奥会的申办和筹备、《全国青少年校园冰雪运动特色学校基本要求(试行)》《关于加快推进全国青少年冰雪运动进校园的指导意见》等系列政策的持续助推以及家庭成员的文化影响,共同催生冰雪运动的代际传承,使"基本面"上人口规模的扩充与结构的更新成为现实,促进人口素质在健身意识、体质改善、精神文明等多方面得到提升。

(二)公共服务:先发与潜力优势并存

据课题组不完全统计,截至2021年底,"白色经济"带动下的公共服务建设,正在以前所未有的发展速度在全国蔓延。冰雪特色学校方面,除东北三省、北京、河北、内蒙古与新疆等几大传统冰雪省份,山东、上海、甘肃也进入数量排名前十的队列,冰雪特色学校均达到30家以上,排名前四的黑龙江、内蒙古、北京、河北，更是达到百家以上。此外，沿海江浙闽地区、西南川贵地区，也显现出冰雪特色发展的潜在优势。

冰雪运动俱乐部方面，传统冰雪旅游省份仍然占有先发优势，山东、河南两地也相继进入排名前十。四川、上海、广东、湖北则是南方冰雪俱乐部文化发展较好的地区。

冰雪运动协会方面，河北一枝独秀，遥遥领先于其他省份。张家口作为2022年冬奥会举办城市之一，不仅在冬奥核心区崇礼区拥有"大众雪上运动协会"，而且在市区以及北部康保、尚义、张北等冬奥周边区，均各自拥有区级的"雪上运动协会""滑冰协会""冰雪运动协会""冰雪轮滑运动协会"等。

（三）城市更新：共建美好生活愿景

2021年，从国家"十四五"规划中明确提出要实施城市更新行动，到住建部提出严控大拆大建，再到11月份全国21个更新试点城市出炉，"以人为本"的城市更新理念，不再是简单的旧城旧村改造，还要涵盖建成后的经营、服务、管理以及功能拓展等内容。城市更新的关键，将从"开发"转为"经营"，告别粗放式的拆建，专注精细化的运营。2020年新冠肺炎疫情的出现，使国内游市场格局出现显著变化，大众出游半径缩短，城市周边游、城郊游、市区游热度上升，为城市更新行动注入了旅游化、休闲化的目标特质，也为冰雪旅游创造了更加多元的地理与社会发展空间。

以住建部发布的第一批更新试点城市①北京、成都为例。2021年，北京市文化和旅游局推出的22条冰雪旅游精品线路中，石景山区两大线路"百年奥运梦主题线路""乐享京冰雪·玩冰嬉雪欢乐之旅"，包括了"首钢园""石景山市民冰雪体育中心""朗园Park""华熙Live·五棵松"等经典城市更新项目。在城市更新战略下，百年首钢实现了华丽转身，首钢工业遗存的价值被点亮激活，成为保存城市记忆、唤醒城市活力的新载体。近年来，文化、体育、

---

① 21个更新试点城市包括：北京、唐山、呼和浩特、沈阳、南京、苏州、宁波、滁州、铜陵、厦门、南昌、景德镇、烟台、潍坊、黄石、长沙、渝中、九龙坡、成都、西安和银川。

商业、旅游、娱乐、科幻等业态不断注入，丰富着首钢园的文旅消费空间和场景。而石景山市民冰雪体育中心作为国内最大的膜式滑冰馆，内部规划了两块1800平方米的国际奥林匹克标准真冰场，市民游客可以来这里体验花滑、冰球、冰壶等多种项目，感受冰雪魅力，让冰雪运动真正融入大家的日常生活。

2021年"双十一"期间，飞猪数据显示，成都上榜全国冰雪游客源地TOP10。四川地处中国南北气候分界线，是全球低纬度冰雪观光旅游资源最富集、中国南方最适宜冰雪运动旅游的地区，被誉为"温暖的南国冰雪世界"，全市已形成了47个冰雪观光旅游景区、16个滑雪场、10个温泉度假区、100余处温泉旅游点。成都的西岭雪山滑雪场就极具代表性，该滑雪场是我国南方已建成的、规模最大的高山滑雪场之一。而成都冰雪游另一大特色则是室内人工雪场，以成都融创雪世界等为代表。成都融创文化旅游城作为四川省和成都市的重大项目，正在改变都江堰目前的"一日游"消费模式，助力实现超大城市及其卫星城的有机更新。

（四）乡村振兴：共同富裕的"白色"助力

习近平总书记于党的十九大报告中提出乡村振兴战略。党的十九大报告指出，农业农村农民问题是关系国计民生的根本性问题，必须始终把解决好"三农"问题作为全党工作的重中之重，实施乡村振兴战略。"十四五"规划和2035年远景目标纲要围绕"坚持农业农村优先发展、全面推进乡村振兴"作出一系列重要部署。实施乡村振兴战略是建设美丽中国的关键举措，是传承中华优秀传统文化的有效途径，是健全现代社会治理格局的固本之策，是实现全体人民共同富裕的必然选择。冰雪旅游资源聚集地区，多数为远离城市的乡村所在地。"冰天雪地"赋予了旅游体验的资源禀赋、气候环境，而"乡村生活"则保留了"田园""天然""民俗"的高质量审美对象，成为我国冰雪旅游的独特风景，产业的发展也为乡村振兴、共同富裕提供了现实路径。

华北地区，以河北为例。根据国家统计局数据，从近年河北各地的农村居民人均可支配收入年均增长率来看，在"冬奥经济"与"白色经济"的双轮驱动下，张家口在河北省范围内保持了最高的年均增长率（见图 5 - 11）。冬奥会举办地之一崇礼近年来举办了 168 国际超级越野赛、斯巴达勇士赛等多项户外赛事，一届 168 国际超级越野赛，就能拉动 1 亿多元的消费。举办大型活动，不仅可以吸引游客，也为贫困户创造了临时性的工作岗位。截至 2019 年，崇礼直接或间接从事冰雪产业和旅游服务人员近 3 万人，其中包括过去的贫困人口约 9000 人。崇礼区贫困发生率从 2015 年底的 16.81% 下降到 2019 年的 0.038%，实现脱贫摘帽。

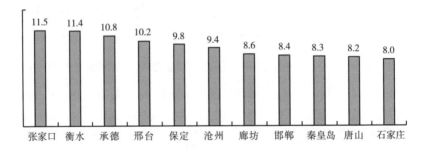

图 5 - 11　2015～2018 年河北各地农村居民人均可支配收入年均增长率（单位：%）

资料来源：课题组研究整理。

东北地区，以黑龙江为例。从近年黑龙江各地的农村居民人均可支配收入年均增长率来看，排名首位的齐齐哈尔，位列 2021 年冰雪旅游十大潜力城市，年均增长率较高的黑河、哈尔滨，牡丹江，则位列 2021 年冰雪旅游十佳城市。如图 5 - 12 所示。

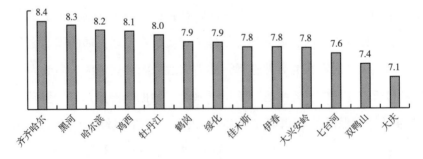

图 5 - 12　2016～2019 年黑龙江各地农村居民人均可支配收入年均增长率（单位：%）

资料来源：课题组研究整理。

四、"冰天雪地也是金山银山"：生态环境的永续共生

将"山水林田湖"的系统论运用在"冰天雪地"上，冰天雪地及其开发者保护者们也是一个生命共同体、生态网络系统。"冰天雪地也是金山银山"的实现过程，本质上就是在生态文明建设中践行辩证唯物主义的过程，就是促进物质文明和精神文明共同发展的过程。

（一）环境治理投资规模显著上升

"冰天雪地也是金山银山"的论断极大提升了人们对于白色生态资源的价值再认识，促进了冰雪旅游大省对于大气污染防治的投资规模。2021年12月，财政部发布《关于提前下达2022年大气污染防治资金预算的通知》，通知安排，2022年大气污染防治资金预算总计207亿元，与2021年的125亿元相比，增加了82亿元，增幅为65.6%。其中，资金最多的是河北省，达到33亿元。排名第二到第五的分别是：山东省（24亿元）、陕西省（21亿元）、河南省（19亿元）、山西省（15亿元）。预算较多的5省，大气污染防治压力相对较大——根据生态环境部发布的2021年1—10月168个重点城市空气质量排名，排名后20位的城市均属上述5省，包括陕西省的3个，山西省的3个、河北省的5个、河南省的5个、山东省的5个。而大气污染防治资金预算排名第五到第十位的省份，分别为甘肃、新疆、辽宁、内蒙古、黑龙江，预算分别在5亿~8亿元；这5个省份，同时也是北方地区的冰雪旅游资源大省。

以冰雪旅游资源大省黑龙江与河北为例。根据黑龙江统计局的公开数据显示，2014年，黑龙江投入7.66亿元（其中省级财政投入2亿元），实施25个大气污染防治项目；但2017年，这一投入显著提高到52.41亿元，主要用于工业污染治理、小锅炉淘汰、黄标车淘汰及"黄改绿"、秸秆综合利用、供热管网改造、加油站改造及油气回收治理、环境监测监察等能力建设，大气环境质量得到进一步改善。2021年9月，黑龙江省生态环境厅再次印发

《黑龙江省 2021—2022 年秋冬季大气污染防治强化监督工作方案》。

2021 年 7 月，河北省印发了《河北省 2021 年大气污染综合治理工作方案》（以下简称"方案"），努力将全省 PM2.5 平均浓度较 2020 年下降 3% 以上，优良天数比率达到 71% 左右。通过出台方案，强化冬奥会、冬残奥会空气质量保障。全力推进赛区及周边大气污染治理，加强张家口、承德、秦皇岛市钢铁、焦化、建材、燃煤锅炉等高架源污染治理和居民清洁取暖改造，重点推进张家口市宣化区、下花园区、涿鹿县、怀来县燃煤锅炉清洁能源替代或并入热电管网，具备条件的农村地区居民实施清洁取暖改造。加快编制赛时空气质量保障方案，明确保障期间和应急情况下的减排比例和措施，落实到具体项目、生产线及管控时间节点。其中，河北省财政厅下达的 2021 年度中央大气污染防治资金预算（第二批）中，仅奥运会举办城市之一的张家口，就达到 5 亿元。

（二）冰雪旅游重镇和潜力型发展城市治理显著

2018 年，从城市 PM2.5 年均浓度来看，169 个重点城市中共 149 个城市同比下降，下降比例为 0.8%～32.8%，16 个城市改善比例大于 20%，哈尔滨改善幅度最大。根据《2019 大气中国：中国大气污染防治进程》统计，重点区域中，京津冀及周边 PM2.5 年均浓度降幅最大，由 68 微克/立方米降至 60 微克/立方米，降幅 11.8%。

根据《2020 大气中国：中国大气污染防治进程》统计，2019 年，从空气质量改善得分排名来看，相比上一年获得显著改善的则有北京、成都、张家口、大同、西宁等城市。这些城市多数也是冰雪旅游重镇和潜力型发展城市。

根据《2021 大气中国：中国大气污染防治进程》统计，2020 年，从空气质量改善得分排名来看，空气质量改善情况良好或空气质量天然良好，且仍在小幅改善的城市，共有 59 个城市进入榜单，其中 60% 的城市为京津冀及周边地区和长三角地区的城市。而位居 168 个监测城市之首的为四川雅安，其空气质量在本评估期内持续改善。雅安地处神秘的北纬 30°，境内山脉众多，以大相岭为界，南北气候差异明显，温差可达 16℃。沿雅西高速一路向南，在两小时内既可欣赏到银装素裹、白雪皑皑的奇幻雪景，又可享受到温暖氤氲、阳光明媚的舒心惬意。

五、"冰天雪地也是金山银山"：科技强国的开拓实践

习近平总书记指出，我国自主创新的一个成功范例就是高铁，从无到有，从引进、消化、吸收再创新到自主创新，现在已经领跑世界。要总结经验，继续努力，争取在"十四五"期间有更大发展。同我们国家的强国之路一样，中国冰雪运动也必须走科技创新之路，一方面要坚持自主创新，另一方面要善于吸收国际上的先进技术和训练方法。①

（一）专利技术：借力冬奥加速追赶

人工造雪方面，根据中国旅游研究院课题组统计，截至 2021 年 1 月，全球相关专利申请共计 6739 件，其中中国相关专利申请 569 件。从相关专利发展趋势看，2015 年之前，我国每年相关专利申请不超过 40 件，2015 年之后，与人工造雪相关专利申请呈现上升趋势，2018 年相关专利申请提升至 119件，创历史新高。

辅助技术方面，随着我国在冰雪运动领域的研发投入不断加大，风洞技术辅助训练方面已经初见成效。根据中国旅游研究院课题组统计，截至 2021年 1 月，全球风洞技术与体育相关专利申请 276 件，排名前三位的分别是飞行家杭州体育文化有限公司（10 件）、徐州中煤百甲重钢科技有限公司（8件）、杭州显庆科技有限公司（8 件）。

冰雪装备器材方面，根据中国旅游研究院课题组统计，截至 2021 年 1月，全球相关专利申请共计 2388 件，其中中国专利申请 73 件。国外企业占据垄断地位。随着 2015 年北京申办冬奥会成功，我国相关企业开始注重相关

---

① 习近平. 中国冰雪运动必须走科技创新之路［EB/OL］. www. people. com. cn.

技术研发并提交专利申请。例如，武汉酷雪体育用品有限公司提交专利申请"一种滑雪板"（公开号：CN112237732A），该技术可解决滑雪板形态笨重、携带、存放不方便，并且对于新手而言难于启停、转弯，且容易摔跤等问题。青岛英派斯健康科技有限公司、河北省产品质量监督检验研究院等围绕滑雪板固定器问题，设计了一种力矩检测装置，该技术能够方便地获取滑雪板固定器的倾覆力矩。与此同时，国内首创，技术领先，国产的压雪车和雪蜡车，成为我国冰雪装备器材产业努力打破"进口依赖"的缩影。在系列国家措施推动下，本土企业纷纷加大研发力度，国产化率及市场占有率不断提升。从整体看，目前虽仍处于发展的初级阶段，但随着一块块空白项目被解锁，冰雪装备器材产业已然吹响了"破冰"号角。

（二）科技冬奥：人类愿景、中国特色

2016 年，科技部研究制定并发布了《科技冬奥（2022）行动计划》，2017 年在国家重点研发计划中设立了"科技冬奥"重点专项。2018 年拟立项中央财政经费总计 3.4 亿元，2019 年接近 4 亿元，2020 年度国拨经费总计约 5.5 亿元，呈现逐年上升趋势（见图 5 - 13）。[①]

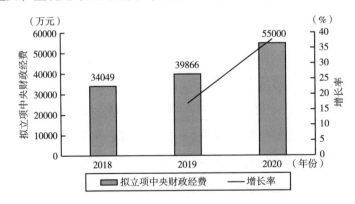

图 5 - 13　2018～2020 年"科技冬奥"重点专项国拨经费及增长率

资料来源：课题组研究整理。

---

① 刘垠. "科技冬奥"重点专项 2020 年度国拨经费约 5.5 亿元 [N]. 科技日报, 2019 - 10 - 31 (3).

截至2021年,"科技冬奥"重点专项已立项指南共部署77个项目。在科学办赛方面,围绕气象条件预测保障、全局全过程态势感知和运行指挥保障、赛道和场馆设计建造运维关键技术研究、鸟巢和水立方智能化改造、赛事活动规划、绿色办奥等方面部署20个项目,解决冬奥会运行指挥、高精度气象预报、赛事用雪保障、场馆建设和运维、碳中和等技术问题,提升筹赛、办赛的管理效率和水平。在科学训练与比赛方面,围绕运动员科学选材、运动员技能优化、体能训练和训练监控、科学化训练基地建设、国际化训练平台等方面部署19个项目,研发科学化训练方法和装备,建立智慧化比赛训练场地,提高训练效率和质量,提升运动员比赛水平。此外,在公共安全、智慧观赛、绿色智慧综合示范区、推动冰雪运动发展等方面也部署了多个项目,确保北京冬奥会顺利开展。①

---

① 王珍. 冬奥,智慧新时代 [EB/OL]. http://www.bjsupervision.gov.cn/ywyl/202108/t20210816_74971.html.

第六章

"三亿人参与冰雪运动" 的旅游实践

2015 年 7 月，北京携手张家口申办 2022 年冬奥会时向国际社会庄严承诺，要"带动三亿人参与冰雪运动"，这不仅为国际冰雪运动大家庭带来了活力，更为中国顺应消费升级需要，让中国人民充分享受冰雪运动、冰雪旅游提供了坚实基础，这是一份宝贵的国际冬季奥林匹克遗产。经过 7 年的努力，2022 年冰雪旅游已经成为三亿人参与冰雪运动的示范产业，冰雪旅游成为众多普通老百姓的常态化生活方式。

一、冰雪旅游与三亿人参与冰雪运动的逻辑关系

（一）"三亿人参与冰雪运动"需要冰雪旅游的广泛参与

"三亿人参与冰雪运动"是中国对国际社会的庄严承诺，这既是中国作为世界大国的担当，充分体现了中国对于冬季冰雪运动和国际奥委会的高度重视，更是人民对于美好生活向往的内在需要。从三亿参与冰雪运动的人员构成看，就是以直接参与冰雪运动人员为基础，以冰雪竞技比赛人员为引擎，以冰雪休闲旅游、冰雪文化创意为特色，以青少年冰雪研学为支撑，包括冰雪产业从业者、接受冰雪知识普及的普通老百姓在内的人员。正如 2015 年时任国家体育总局局长的刘鹏在接受人民日报采访时认为，带动三亿人参与冰雪运动的参与者主要是两部分群体，一部分是直接参与冰雪运动的群体，包括：到冰场滑冰、到雪场滑雪的爱好者；接受冰雪课程知识教育、技能学习的在校学生；参加冰雪俱乐部锻炼、培训活动的人员；从事冰雪运动训练竞赛的运动员、教练员、裁判员等。另一部分则是受冰雪体育比赛和冰雪活动

影响到的人群,包括:冰雪嘉年华、冰雪季、旅游节等活动吸引到的参与、体验者;冰雪训练、竞赛、冬令营等活动影响到的学生及家长;借助冰雪场地、场馆组织举办冰雪展览、表演、宣讲的受众人群;冰雪知识讲座、知识竞赛等活动的受众人群,冬季项目体育产业的从业人员等。[①]

(二)冰雪旅游是"三亿人参与冰雪运动"的主要方式

从某种意义上说,我国从政策引导、场地供给、市场引导、服务完善等全面推动"三亿人参与冰雪运动",最大的收益产业是冰雪旅游产业,冰雪旅游人数即将达到3亿人次,实际上,冰雪旅游已经成为老百姓常态化的时尚生活方式,满足了旅游消费升级的需要,并且冰雪旅游已经成为黑龙江、吉林、辽宁、新疆、河北等众多省份旅游业新的战略增长点和经济社会转型升级新抓手。根据《2021中国滑雪产业白皮书》资料显示,从已有参与冰雪活动人员构成看,2020年5月至2021年4月我国参与滑雪运动人数为2076万人次(见图6-1),并且78%滑雪数量为旅游观光度假的游客所贡献的,本地居民到城郊滑雪仅占到22%。总之,仅依靠滑雪、滑冰等冰雪运动显然无法实现三亿人上冰雪的目标,必须紧紧依靠冰雪旅游休闲产业的发展。三亿人参与冰雪旅游的产业实践证明,无论从冰雪旅游的人数规模还是滑雪运动中游客的比重,冰雪旅游已经成为三亿人参与冰雪运动的主要方式,是大众冬季健身的常态化生活方式。

(三)"三亿人参与冰雪运动"让冰雪旅游高速发展

"三亿人参与冰雪运动"成为众多国家战略的结合点,要实现让三亿人上冰雪战略目标最重要的是走出山海关,让冰雪运动、冰雪旅游成为全民的一种运动方式和生活方式。冰雪运动的场馆设施、文化氛围、体制机制、道路交通等众多重大举措让冰雪旅游供给全面提升,这就让在旅游消费升级背

[①] 刘鹏答记者问:"三亿人参与冰雪运动"如何实现?[EB/OL]. http://news.cntv.cn/2015/01/27/ARTI1422355800923585.shtml.

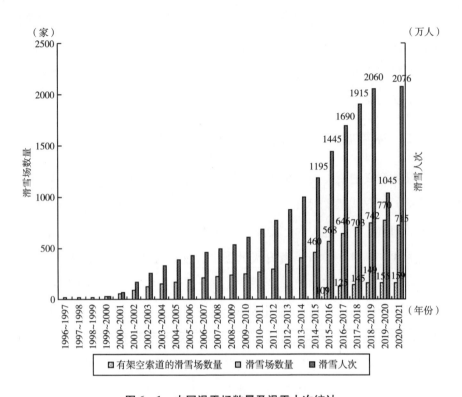

图 6-1　中国滑雪场数量及滑雪人次统计

注：①"滑雪场数量"及"滑雪人次"包括户外滑雪场、室内滑雪场数量及滑雪人数，不含旱雪、模拟滑雪器等。

②时间为上年的 5 月 1 日至次年的 4 月 30 日。

景下具有极大潜力的冰雪旅游需求极大得到释放。根据中国旅游研究院研究成果，无论从人均消费水平还是总人数增长率，冰雪旅游均远高于旅游业平均水平，在新冠肺炎疫情发生之前的 2017～2018 年冰雪季、2018～2019 年冰雪季，全国冰雪旅游人数增长率分别为 16%、13.7%，全国冰雪旅游收入增长率分别为 22%、17.1%，2018～2019 年冰雪季全国冰雪旅游人数达到了 2.24 亿人次，2021～2022 年冰雪季我国冰雪旅游人数达到 3.4 亿人次，"三亿人参与冰雪运动"使冰雪供给和旅游消费不断完善和升级，共同促进冰雪旅游持续繁荣。

二、冰雪旅游推动"三亿人参与冰雪运动"的做法

(一)积极服务国家战略,引领行业发展方向

发展冰雪旅游不仅是游客消费升级的需要,更是北京冬奥会以及乡村振兴、东北振兴、重点地区经济社会发展等重大战略落地的切实需要。全国文化和旅游行业主办部门积极践行习近平总书记"冰天雪地也是金山银山"发展理念,推动生态文明建设,发展冰雪经济相关的绿色产业,通过出台系列产业政策服务于国家战略。2019年3月,中央办公厅、国务院办公厅印发的《关于以2022年北京冬奥会为契机大力发展冰雪运动的意见》明确提出,"加快发展冰雪健身休闲产业,推动冰雪旅游产业发展,促进冰雪产业与相关产业深度融合,提供多样化的产品和服务"。2021年2月10日,文化和旅游部、国家发展改革委、国家体育总局发布的《关于印发〈冰雪旅游发展行动计划(2021—2023年)〉的通知》提出,"以2022北京冬奥会为契机,加大冰雪旅游产品供给,推动冰雪旅游高质量发展,更好满足人民群众冰雪旅游消费需求",通过建设一批世界级冰雪景区、国家级滑雪旅游度假地等提升冰雪旅游供给水平,冰雪旅游发展进入高质量发展新阶段。

(二)创新体制机制,扩大冰雪旅游消费人群

冰雪旅游要形成产业规模,必须改变思路,从冰雪运动竞技为主的理念转变为日常生活的消费类型为主的理念,必须走出山海关,将冰雪旅游的消费群体瞄准经济相对发达、冰雪资源匮乏的南方都市以及广大发达城市消费者。扩大消费人群主要有两种方法:一是黑龙江、吉林、河北、内蒙古、西藏等冰雪资源富集省份,通过创新体制机制,努力提升本地冬季旅游的热度,扩大冰雪旅游的消费人群;二是在广州、深圳、武汉、长沙等南方发达城市建立现代化的冰雪娱乐设施,让游客在日常生活中可以随时享受冰雪休闲旅

游的乐趣。特别是，黑龙江、吉林、新疆等冰天雪地资源充沛地区通过消费券、门票减免、财政补贴、土地政策、跨省份促销等体制机制创新，不断扩大冰雪旅游的消费市场规模，如表6-1所示。

表6-1 重点冰雪资源富集省份促进冰雪旅游发展的创新举措

省份	重要创新点	具体举措
吉林	冰雪令	从2017年开始，吉林省连续推出冰雪令，带动本省冰雪旅游发展。以2017年冰雪令为例，从2017年11月1日至2018年4月30日，港澳台游客凭有效证件游览吉林省内所有4A级以上营业景区，实行大门票挂牌价半价优惠；启用千万资金设立"冰雪英雄榜"，对为冰雪旅游作出突出贡献的旅行社给予资金支持；凡旅游企业开通吉林旅游目的地包机，给予每班万元奖励；建立游客投诉快速处理机制，一般旅游投诉24小时内受理，7个工作日处理完毕
黑龙江	冰雪文化挖掘	挖掘传统中国冰雪文化和现代冰雪文化，不仅打造了冰灯文化、冰雪艺术、采冰等传统冰文化，还打造了中国现代滑雪重要起源地亚布力滑雪度假区，并且与企业家论坛相结合，开发了极地民俗观光、雪地森林穿越、极地工业测试、冰雪婚礼等现代冰雪文化
西藏	冬游西藏政策	自2017年开始"冬游西藏"活动，2021年1月进行了第四轮"冬游西藏"活动政策，旨在以冰雪、温泉、藏医药浴等冬季旅游新业态赋能产品体验；以新增地面交通补助及包价团折扣、发放消费券赋能政策优惠。第四轮"冬游西藏"活动政策分为2021年1月1日至2021年3月15日和2021年10月15日至2021年12月31日两个阶段，执行期间奖励（补助）对象为区内旅游团队的旅行社、旅游景区（寺庙景区除外）、旅游企业和执飞进出藏航线的航空公司。在2021年度"冬游西藏"优惠政策实施期间，增设发放3000万元旅游惠民消费券。具体政策：旅游景区，除寺庙景区外，全区国有3A级（含3A级）以上景区免费游览，国有3A级以下和非国有A级景区在淡季价格基础上减半。旅行社，对区内旅行社组团累计接待游客达到1000人（其中组织不少于300人前往西藏自治区民族特色精品展示展销中心参观体验）以上的予以奖励10万元，每增加100人（含100人）追加奖励5万元，单个旅行社累计奖励金额不超过80万元。旅游运输企业，具有旅游合法资质的运输企业（含民营）的客运价格按照淡季价格执行。宾馆（饭店），三星级（含三星级）以上宾馆（饭店）及国际品牌、精品酒店执行淡季价格。航空公司，各航空公司执行淡季价格，且与区内旅行社签订一定限额座位保障的协议。包机、专列奖励。包机奖励：以包机形式组织旅游者进藏旅游的旅行社，每班包机超过100人（含100人），奖励10万元；每班包机超过200人（含200人），奖励15万元；专列奖励：以专列形式组织旅游者进藏旅游的旅行社，每趟专列超过300人（含300人），奖励20万元；每趟专列超过400人（含400人），奖励25万元
河北	冰雪旅游发展行动政策	2021年7月，河北出台了《河北省冰雪旅游发展实施方案（2021-2023年）》。方案提出，以2022年冬奥会举办为契机，将冰雪旅游培育成大众旅游的新热点和旅游强省建设的新高地。到2023年，将张家口、承德两地打造成全国著名冰雪旅游城市、世界冰雪旅游目的地，河北省冰雪旅游总收入达到1100亿元，冰雪旅游人次达到5000万，初步形成产业类别齐全、链条完善、结构合理、特色鲜明的现代化冰雪旅游产业体系

（三）挖掘特色冰雪文化内涵，提升冰雪产品吸引力

中国冰雪文化深厚，早期先民主要是通过借助毛皮板、树皮滑雪板等实现狩猎、捕鱼、出行等基本生存需要，还有很多民族，如鄂温克族、蒙古族通过冰雪那达慕等方式达到冬季社交、休闲娱乐的目的。随着人类利用和改造自然的能力越来越强，同时休闲娱乐更加常态化，冰灯、冰雪艺术、高山滑雪、雾凇观光等更多冰雪文化被挖掘出来。进入大众旅游新时代，科技、度假、康养、运动与冰雪紧密结合，产生了冰雪度假、雪国列车、高山滑雪、冰川探险、室内冰雪休闲、冰雪摄影等更加现代的冰雪文化。国内对于传统冰雪文化与现代冰雪文化的不断挖掘，更多有吸引力的冰雪旅游产品不断呈现出来，冰雪旅游的吸引力也越来越大。

（四）培育大众冰雪文化，夯实冰雪市场的基础

在冰雪旅游市场培育过程中，冰雪文化氛围的营造非常重要，特别是青少年群体广泛参与，对于夯实冰雪旅游大众市场至关重要。为此国家和地方相关部门做了大量工作，文化和旅游部门通过冬季旅游促销、冰雪旅游标准化等举措提升冰雪旅游的参与度，体育部门通过全国大众冰雪季系列活动、修建冰雪运动场所等推动冰雪运动普及度，各地教育部门通过十万、百万青少年冰雪进校园等活动提高年轻人冰雪热情，信息工业部门推动冰雪机械制造、冰雪装备的做大做强，在各部门共同努力下，全国参与冰雪旅游的文化氛围日渐浓厚。

（五）引入多领域战略投资主体，激发冰雪产业的活力

冰雪旅游巨大的市场潜力不仅吸引了旅游企业的大量参与，房地产、保险、金融等有实力战略投资者也纷纷加入，冰雪旅游产业活力不断增强。冰雪旅游项目形成大型冰雪综合体、特色小镇与大众冰雪乐园并驾齐驱的发展模式，长春的恒大冰雪小镇、哈尔滨冰雪大世界四季冰雪项目、中央大街冰

雪嘉年华、吉林市的中瑞滑雪小镇以及复兴集团在延庆、崇礼等的地中海俱乐部和融创在哈尔滨、广州、无锡、昆明、重庆、成都等城市的冰雪商业综合体项目等都带动了冰雪旅游投资的发展。当前，冰雪旅游投资以度假综合体类为主流投资项目，在整体投资规模中占到40%以上；东北及华北区域仍为投资热点，投资主体中既有恒大、万科、融创、奥悦冰雪等全国多点布局者，也有东胜集团、黑龙江建设投资集团等区域型布局者；"南展西扩东进"战略投资效应显现，融创冰雪商业综合体开始重点布局南方消费力强的城市，单个投资在200亿元以上。

（六） 加强冰雪旅游硬件建设，提升冰雪旅游公共服务能力

冰雪旅游之所以成为全国性的一种热门旅游方式，跟冰雪场馆等硬件设施在全国布局密切相关，特别是国家体育总局的"北冰南展西扩东进"战略让冰雪设施"翻山越岭"，实现全国覆盖。根据《2020年全国体育场地统计调查数据》，截至2020年底，我国冰雪运动场地1888个，场地面积0.67亿平方米，其中，滑冰场地1187个，占到62.87%，滑雪场地701个，占到37.13%。根据《全国冰雪场地设施建设规划（2016－2022）》，截至2022年，中国冰场、滑雪场数量将分别增加至650座、800个，新冠肺炎疫情影响下2022年场馆目标完成保持乐观。特别是，我国滑雪场馆在全国28个省（区市）有分布，仅海南、西藏、上海3个省级行政区未有雪场。滑雪硬件设施的不断完善，有利于冰雪休闲娱乐生活方式的养成，冰雪运动软硬件设施全面提升也为全国冰雪旅游的发展提供了基础。

第七章

冰雪文化和冰雪旅游融合发展研究[*]

一、冰雪文化的中国图景

（一）冰雪文化：生活方式的赓续，精神世界的传承

冰雪文化是人类在利用和使用冰雪中逐渐创造和形成的生活方式。它集中反映了全球温寒带、寒带和其他冰雪积存区域居民在冰雪生态环境中创造的文化情景和模式，也反映了他们独特的文化形式和物质、精神文化系统内容。^① 正因为文化是一种包含生活方式和精神价值的生态共同体^②，冰雪文化也是上述居民在其特有生存地理空间下有关生活方式的赓续，有关精神面貌的传承。

（二）冰雪文化的儒化

文化在一群体内部代代相传，从而使该群体的每一个人都被该文化"化"的机制过程，被理解为"文化濡化"。《阿勒泰宣言》宣告了人类滑雪从中国新疆阿勒泰地区起源。上万年前以滑雪作为华夏北方民族重要的生活生产方式，成为中国冰雪文化的起点，冰雪文化在远古、上古、中古、近古代代传承，直至现代，最终形成融合古代与当代生活方式、精神生活的内容沉淀。

1. 从远古至当代的集体人格沉淀

近 2000 年来，史籍中关于滑雪板及滑雪活动的有关记载有很多。滑雪板

---

* 该部分原载于《中国冰雪旅游发展报告（2022）》，由韩元军、张虹菲等执笔。

① 王清海. 冰雪文化学 [M]. 哈尔滨：黑龙江人民出版社，2011.

② 余秋雨. 何谓文化 [M]. 北京：长江文艺出版社，2012.

的叫法有"蹄""木""木马""察纳""踏板"等。20世纪20年代，近代滑雪从俄罗斯与日本传入中国东北。1992年，国家旅游局首次将"冰雪风光游"列为中国14个专项旅游产品之一，全国掀起了一股开发冰雪旅游热。21世纪以来，冰雪旅游从以冰雕雪塑为主题的冰雪观光，迅速向以滑雪运动为主题的冬季旅游转化，并逐渐向冰雪观光、滑雪运动相结合的方向发展。2006年12月，通过对沿袭下来的古老滑雪的长期研究，国内专家学者在北京人民大会堂举行"中国·新疆·阿勒泰是人类滑雪最早起源地"新闻发布会，《阿勒泰宣言》起草形成。2015年1月，中外专家在阿勒泰共同宣读了具有重大历史意义的《2015阿勒泰宣言》，重申"中国新疆阿勒泰是世界上最重要的古老滑雪地域"。2015年7月，国际奥委会第128次全会投票决定，北京成为2022年冬季奥运会举办城市。2018年3月，世界滑雪历史协会确认了"人类滑雪从中国新疆阿勒泰起源"。

广阔天地的自然地理环境、北方民族与华夏中原的持续融合、人类滑雪起源的国际认定与冬季奥运会的成功申办，共同促成了中国人冰雪文化的"集体人格"，进而影响现代冰雪文化的审美心理。根据课题组调研，中国冰雪旅游者对于"冰雪魅力"的认知，主要集中在美丽、纯洁、透明、永恒、浪漫、速度、敬畏、雄伟、浓烈等关键词上，集中提炼成三要素（或称"3I模型"）：无邪（Innocent）、无界（Infinite）、无畏（Intrepid）。无邪与美丽、纯洁、透明、永恒、浪漫等关键词相关，代表冰雪在旅游者心目中的整体形象；无界与雄伟等关键词相关，代表民族审美心理影响下的中国旅游者，对大尺度的空间感知强烈，同时更在意"人景合一"的意境、空旷之美；无畏与速度、敬畏、浓烈等关键词相关，主要迎合对娱雪活动、冰雪运动有需求的不同类型旅游者。

2. 社会、学校、家庭的平行传承

冰雪文化儒化的现代路径，主要通过社会、学校、家庭的多线并进，交叉传承。

社会方面，"冰雪进校园"的开展给相关培训机构带来了新的市场、新的机遇。以北京为例，陈露国际冰上中心与北京芳草地国际学校、花家地实验小学、垂杨柳中心小学达成合作协议，学校出资购买服务，陈露冰上中心提供专业教练，帮助校花滑队编排节目，指导校冰球队技战术训练。以广州为例，广州融创雪世界通过开设冰雪专项普及课程、引进专业冰雪知识体系等方式，让更多青少年参与冰雪运动。同时以区域为核心，配合政府及学校，加大区域内冰雪运动产品和服务的中小学校园供给，推动冰雪运动特色示范区建设。截至报告期，广州融创雪世界已完成 20 所中小学校队的首选和雪上试训选拔。[①]

学校方面，2016 年发布的《国务院办公厅关于强化学校体育促进学生身心健康全面发展的意见》中明确提出，在全国中小学积极推进冰雪运动等特色项目，逐步形成"一校一品""一校多品"教学模式。2019 年，教育部联合国家体育总局、发展改革委、财政部等部门印发了《关于加快推进全国青少年冰雪运动进校园的指导意见》。我国在全面总结前 3 年工作经验的基础上，面向全国开展全国青少年校园冰雪运动特色学校、冬季奥林匹克教育示范学校、试点县（区）、改革试验区遴选工作。而后奥运时代，我国将充分利用冬奥会留下来的精神、文化和物质遗产，继续做好特色学校、示范学校、试点县（区）、改革试验区创建和遴选工作，让校园冰雪运动教学、训练、竞赛和管理体系更加健全，冰雪运动特色学校示范引领作用更加强劲，学校冰雪运动场地设施和师资队伍等条件保障更加有力，冬季奥林匹克教育深入人心，参与冰雪运动的学生显著增多，青少年冰雪运动水平稳步提升，学校、家庭和社会促进冰雪运动发展的融合机制更加完善，政府主导、部门协作、社会参与的校园冰雪运动推进机制更加成熟[②]。尤其是当前国家对青少年体育教育的重视和支持，在"双减""体教融合"等政策的推动下，青少年将有更多的机会参与到冰雪运动中。

家庭方面，根据课题组针对冰雪旅游者的深度访谈，冰雪运动的强代际

---

① 张小可. 冰雪进校园引发市场新需求［N］. 中国体育报，2021－12－02（7）.

② 教育部就加快推进全国青少年冰雪运动进校园《指导意见》答问［EB/OL］. http：//www. scio. gov. cn/xwfbh/gbwxwfbh/xwfbh/jyb/document/1657929/1657929. htm.

传递性（"雪二代"）、家庭冰雪度假市场对于儿童一站式服务的强烈需求，均体现了代际传递对于冰雪文化渗透的"未来市场"，既是市场的呼唤，又是实现冰雪文化"儒化"、培育未来忠诚消费者的重要路径。如果说0～6岁的"亲子"市场更关注"一站式"与"娱乐性"产品与服务，那么6岁以上的青少年市场，则对体能、历史文化、社交与协作的训练，有更专业的需求。"滑雪＋教育""冰雪＋教育"的跨界产品也是冰雪文化"内生性"增长的重要推动元素。

"既然是雪道，一定是给滑雪用的，不管是成年人还是小孩，但是小孩的话一定要有小孩的道，跟成年人分开。小孩跟成年人的雪道在一起，这样孩子很容易受伤。我就想让我儿子滑雪，现在我儿子11个月，我想让他在3岁左右的时候开始准备滑雪，我考虑过挺多的雪场。但是我会选择沈阳周边的白清寨，因为白清寨有很多小学、初中的孩子，雪道还很专业，让我儿子去那边滑去。"

——课题组深度访谈摘录

（沈阳，刘某，男，32岁，已婚，有一个11个月大的儿子）

"今年开始我想带老大出去玩玩，玩玩雪……小孩不怕，越小的时候越不怕，雪感容易培养，好多小孩你都不用教，你要每年去滑，每年去滑，到最后出来就是高手。"

——课题组深度访谈摘录

（北京，肖某，男，41岁，已婚，有3岁、1岁两女）

"网上看到的，他父亲带着小女孩，他不是教她滑，他滑的时候，有的时候抱着有的时候就托着。从小让他接触嘛，我是从小在国外留学的，所以教育我会让小孩比较轻松一点，不想让他童年有太多学习压力，我会让孩子更多接触户外运动。你滑雪不能说上来就会滑，你肯定要跌倒再爬起来，小孩子要让他有独立性，他摔倒了以后他肯定会爬起来不想滑，但是你会鼓励他，培养孩子的独立性很重要。"

——课题组深度访谈摘录

（上海，余某，男，35岁，已婚，有一个8个月大的女儿）

"其实在东北可以搞一种小孩子夏令营，很多家长愿意送孩子去夏令营，能够锻炼小孩子的意志力，还有独立性。等我女儿以后长大了，我也要每年夏天也给她送去夏令营，回来之后不一样的。"

——课题组深度访谈摘录

（上海，王某，女，35 岁，已婚，孩子 6 岁）

（三）冰雪文化的涵化

涵化是一种文化从其他文化中获得对新的生活条件的适应过程，是在过程中的文化传递、交流。[①] 涵化的研究最早始于部落及部落文化。文化涵化的过程是从文化的单一走向文化多元化的过程。

1. 全球化的经贸格局：文化涵化的意义现场

在全球化的经贸格局下，中国市场以资本、消费为两翼，积极参与冰雪经济的全球化赛道中，全球资本也以同样的涵化方式，进入中国消费市场。现代经贸行为的助推，直接成就了东西方冰雪文化的相互涵化。

一是从过去 10 年，尤其是过去 5～6 年来看，中国冰雪出境游市场正在成为中国出境游市场的强劲增长点。根据《中国冰雪旅游消费大数据报告（2020）》《中国冰雪旅游消费大数据报告（2019）》，全球最受中国游客青睐的冰雪旅游目的地国家分别是日本、俄罗斯、芬兰、冰岛、瑞士等。根据世界旅游组织官网（UNWTO）及各国统计数据[②]，新冠肺炎疫情前的近 10 年，中国游客在上述目的地国的过夜游人次于 2014～2015 年达到增长高峰，随后呈现不同程度的增速放缓，但绝对数量一直保持上涨趋势（见图 7 - 1～图 7 - 5）。消费的流动带来文化的接触、碰撞，中国游客在世界各地的冰雪旅游胜地体验异质文化、享受审美趣味的同时，也向目的地国输出了一部分中国民众的体验文化与消费文化。

---

① 庄孔韶. 人类学概论［M］. 北京：中国人民大学出版社，2006：290.
② 世界旅游组织官网（UNWTO）、冰岛旅游局（Ferdamalastofa）、美国国家旅游局（International Trade Administration）、日本国土交通省观光局（JNTO）、俄罗斯联邦统计局（gks. ru）。

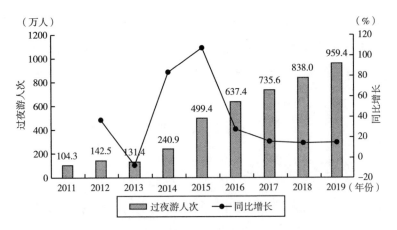

图 7-1　赴日本中国游客过夜游人次及同比增长

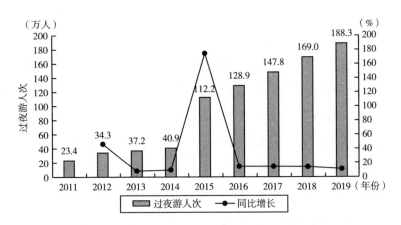

图 7-2　赴俄罗斯中国游客过夜游人次及同比增长

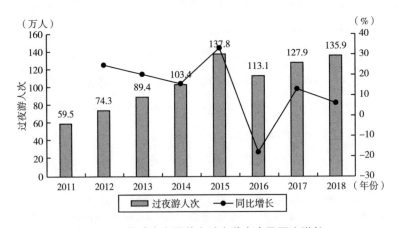

图 7-3　赴瑞士中国游客过夜游人次及同比增长

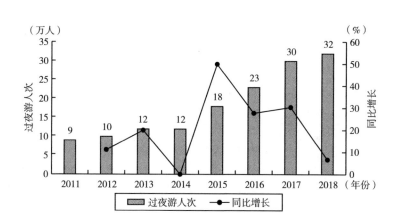

图7-4 赴芬兰中国游客过夜游人次及同比增长

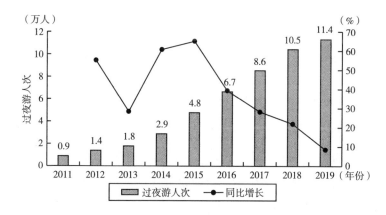

图7-5 赴冰岛中国游客过夜游人次及同比增长

二是相对高的毛利、现代滑雪市场先发优势带来的原始积累，吸引众多全球化的资本多角度渗透中国冰雪装备市场。据《2020年中国滑雪行业白皮书》统计，滑雪装备中的滑雪板、滑雪服毛利率为40%～50%，头盔、雪镜毛利率可达到70%；而雪场毛利率约为15%，滑雪培训毛利率为30%～35%，滑雪场建设设备毛利率则在25%～35%。滑雪运动对滑雪装备质量要求较高，国内滑雪爱好者更倾向于购买进口品牌的中高端滑雪装备。以单板为例，美国户外滑雪品牌Burton在中国市场的占有率为30%～40%，价格通常在1万元左右。在第十三届全国冬运会高山滑雪、单板滑雪和自由式滑雪项目上，来自全国各地的参赛选手从雪板、雪鞋、固定器、头盔和护腿板，使用的基本全是进口滑雪器具。中国品牌网上的前十大滑雪品牌，也均为国外品牌（见表 7-1）。

表 7-1 中国品牌网排名前十的滑雪品牌

名称	国别
Atomic	奥地利
Head	奥地利
Fischer	意大利
Burton	美国
Rossignol	法国
Nordica	意大利
Salomon	法国
Volkl	德国
K2Sport	韩国
Dynastar	瑞士

以雪板为例，中国的雪板与欧洲进口的雪板，使用同一条生产线，因中国企业为进口品牌的雪板做代工生产，国产雪板所使用的原材料、工艺技术、质量等与进口品牌其实并无区别，但消费者认可度低，导致国产品牌的售价比进口品牌低约 30%。但全球化幕布下，资本与市场相互激发，相互渗透，促进国产装备品牌的蓄势与崛起。根据《2020 冬季新活力生活趋势报告》统计，2020 年 11~12 月，滑雪装备销量同比增长 1300%，国产南恩、Vector、Nobaday 等新锐品牌进入"十大 Z 世代喜爱冰雪品牌榜单"。

三是外资、中外合资（含港澳台地区）冰雪企业在华注册数量一直保持增长，国际（含港澳台地区）资本文化与国内产业政策、消费文化紧密融合。根据天眼查数据，过去 30 余年间，2004 年、2014 年、2018 年、2021 年，新增数量均达到阶段性峰值（见图 7-6）。2014 年国务院发布的《关于加快发展体育产业促进体育消费的若干意见》中首次明确指出"发展冰雪特色运动，促进相关体育消费"的方向；2018 年，国家体育总局公布《带动三亿人参与冰雪运动"实施纲要（2018-2022 年）》；2021 年，在全球持续经

历新冠肺炎疫情的背景下，外资进一步看好中国冰雪市场，新增注册企业继
2019 年、2020 年两年小低潮后出现逆势反弹。

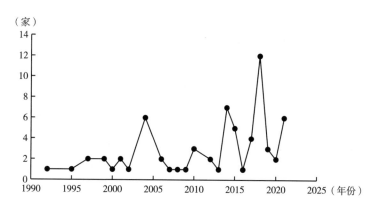

图 7 - 6　1990～2021 年新增注册的外资/中外合资冰雪企业数量

2. "冰上丝绸之路"：文化涵化的多方共赢

2018 年 1 月，中华人民共和国国务院新闻办公室发布《中国的北极政
策》（以下简称《政策》）。《政策》指出，近年来，全球气候变暖，北极冰
雪融化加速。在经济全球化、区域一体化不断深入发展的背景下，北极在战
略、经济、科研、环保、航道、资源等方面的价值不断提升，受到国际社会
的普遍关注。北极问题已超出北极国家间问题和区域问题的范畴，涉及北极
域外国家的利益和国际社会的整体利益，攸关人类生存与发展的共同命运，
具有全球意义和国际影响。

政策特别提到，北极旅游是新兴的北极活动，中国是北极游客的来源国
之一。中国支持和鼓励企业与北极国家合作开发北极旅游资源，主张不断完
善北极旅游安全、保险保障和救援保障体系，切实保障各国游客的安全。截
至目前，中国与俄罗斯在北极开发合作方面已取得积极进展。两国交通部门
不断完善北极开发合作的政策和法律基础；两国企业积极开展北极地区的油
气勘探开发合作，商谈北极航道沿线的交通基础设施建设。中国、冰岛两国
极地合作主要集中在科研领域，未来将在北极基建领域开展更多研究与合作。
芬兰也欢迎中国提出的"冰上丝绸之路"倡议，希望推动其与国内"北极走

廊"计划对接，使芬兰成为联通北极和欧亚大陆的枢纽国家。①

3. 现代奥林匹克：文化涵化的多元共生

奥林匹克本身即为"文化的熔炉。"奥林匹克精神的不断更新、赋予时代的意义，是奥林匹克精神流传的原因。在文化全球化的背景下，奥林匹克运动会以敞开的胸怀接受来自世界各地的文化，提供世界上最大最平等的平台。在一元和多元、民族性和世界性的统一中，"奥运模式"展现了和谐图景。

2022 年冬奥会举办地之一——崇礼太子城，被誉为"从金代行宫到冬奥之城"。作为"2018 年中国考古六大新发现""2018 年度全国十大考古新发现"，通过当代发掘确认，作为 2022 年冬奥会举办地之一的崇礼太子城遗址为金代中后期皇室行宫，可能为金章宗夏季捺钵的泰和宫。金代是华夏文明南北融合、中华民族关系进入新的历史阶段的代表性转折点。游牧文化的冲击波不断激发两宋文化的忧患意识，也将异族情调的文化因子输入宋文化的系统之中。一方面各少数民族对汉文化积极利用，另一方面又保留自己的民族传统，所以金代女真族不仅以自己的"旧风最为纯真"，而且自造文字，并不完全袭用汉字，这是中国北方各族民族自觉意识成熟的表现。统治者金章宗对宋文化的追随，也为当代文明遗留了大量宝贵的文化遗产。这些珍贵的考古遗址、文物遗迹、历史事件、文化交流与传承，为现代奥林匹克文化注入了中国特色与中国活力，这正是国内外游客所期待的"能被感知到的独特文化"。

二、冰雪文旅融合的现代意义

（一）对世界冰雪文化的"中国关照"

中国冰雪文化是世界冰雪文化的重要组成部分，远古、上古、中古与近古的寒带、亚寒带人民及其生产生活方式，构成了世界文明的重要板块。陆

---

① 赵鹏飞. 解析《中国的北极政策》：中国坦荡参与北极治理［EB/OL］. http：//appapi. 81. cn/v3/public/jfjbshare/？ itemid ＝244_69611&type ＝3.

上"丝绸之路"、冰上"丝绸之路"，将中国广袤的中西部地区与中亚、西亚大陆、北欧海陆相连接，长久以来就是东西方商贸、文明交流"高速公路"所在的文化现场。而文化与旅游的融合，又将现代生活方式以旅游的形式重新带回到古老的文明现场，欧洲、西亚、中亚与东亚在这里进行持续的文明互鉴、民心相通。而对现代奥林匹克文明的积极参与，则是中国人民向现代冰雪文明、体育文明——更高、更快、更强、更团结的集体书写。现代冰雪旅游，是与上述两种文明的有机融合，体现了对世界冰雪文化的"中国关照"。

（二）促进"向内而生"的冰雪旅游

出境冰雪旅游消费回流已构成了国内旅游"向内而生"的一部分，对国内冰雪旅游供给侧的产品、服务来说，机会与挑战并存。文化与旅游的进一步融合，将赋予现代冰雪旅游产品更多的在地性、多样性特征，在传统冰雪观光、运动、休闲活动基础上，满足游客日益增长的艺术、美学、民族、历史、娱乐等多维体验的需求。旅游作为一种经济社会活动，流动性既是前提，也是本质。中华文明中古、近古时代绵延上千年的历史，即是一部中原与周边文化相互流动、持续融合、互鉴互利的文明史。"因能容纳，而成其大，因能调适，而成其久"①。现代冰雪旅游的兴起，交通、基建与旅游环境的持续改善、冰雪主题的目的地营销，使流动更为方便、顺畅、有趣。因为流动，北方以"冰天雪地"为自然背景的古代、现代生活方式为长江以南生长的"南方人"所触碰、认知、熟悉、喜爱。

三、冰雪文旅融合的中国图景

（一）传统与现代"交相辉映"

课题组统计了近十年来我国大部分冰雪文旅融合的典型项目、产品，发

---

① 许倬云. 说中国——一个不断变化的复杂共同体［M］. 桂林：广西师范大学出版社，2015.

现 1/3 左右为现代生活方式，2/3 为传统文化的现代传承。总体来看，"传统"与"现代"交相辉映，是冰雪文旅融合最为典型的"中国图景"。

1. 传统文化：多元民族、悠远历史共创"满天星斗"

从 1.2 万年前阿勒泰最早人类滑雪的岩画记载，到《山海经》卷十八《海内经》"有钉灵之国，其民从膝已下有毛，马蹄善走"[①] 的文字记载，再到近古清代冰嬉盛典的"国俗"记载，以滑雪、冰嬉为代表的冰雪文化，伴随着华夏文明一路从蒙昧时代、初创时代、封建近古时代，走进当代社会主义新时代。文明绵延不断，持续影响着当代中国游客的"冰雪+节庆""冰雪+民俗""冰雪+非遗""冰雪+文化遗产"等体验，传统文明既是现代冰雪文旅融合的奠基石，也是中国特色与文化自信的注解。

从类型分布来看，节庆活动、民俗两大类别占据传统文化与冰雪旅游融合项目及产品的半壁江山。传统手工技艺、体育赛事、传统艺术，也分别占有 10% 及以上的比重。民居、饮食、民族服饰、文保单位等，也有一定的类型分布（见图 7 - 7）。

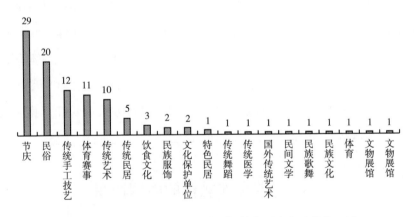

图 7 - 7　"传统文化 + 冰雪旅游"的类型分布（单位：%）

资料来源：课题组研究整理。

从传统文化与冰雪旅游融合项目及产品在各省份的数量分布来看，北方

---

① 袁珂. 山海经校译 [M]. 上海：上海古籍出版社，1985：299.

冰雪资源与少数民族聚集的地区，数量相对丰富。传统文化与冰雪文化的融合程度较高。

从我国少数民族的分布情况来看，整个冰雪资源聚集的北方地区，也是少数民族的聚集地。新疆地区的维吾尔族、哈萨克族、回族、柯尔克孜族、蒙古族、塔吉克族、锡伯族、满族、乌孜别克族、俄罗斯族、达斡尔族、塔塔尔族，是新疆地区的世居民族。内蒙古地区，除了蒙古族，还有满族、回族、达斡尔族、鄂温克族、鄂伦春族、朝鲜族等。东三省地区，黑龙江有满族、朝鲜族、回族、蒙古族、达斡尔族、锡伯族、鄂伦春族、赫哲族、鄂温克族、柯尔克孜族 10 个世居民族；吉林主要有朝鲜族、满族、蒙古族、回族、锡伯族；辽宁主要有满族、朝鲜族、赫哲族、俄罗斯族、蒙古族和回族。此外，在陕甘宁青地区，也主要分布着回族、蒙古族、藏族、土族、撒拉族、东乡族、保安族、裕固族、哈萨克族、土族、满族等，其中东乡族、保安族、裕固族是甘肃的独有民族。"大杂居，小聚居"的多元民族，成为冰雪资源与生活方式、精神信仰有机融合的土壤，也为冰雪文旅的产品化提供了鲜活素材，形成冰雪文化旅游的"满天星斗"。

在新疆雪都阿勒泰，图瓦族是蒙古族的后裔，以放牧和狩猎为生。在地的蒙古族图瓦人夏天喜欢骑马，冬天喜欢滑雪。"毛皮板滑雪"作为人类最早滑雪活动的"活化石"，其毛皮滑雪板制作技艺也在文旅融合的时代里焕发了新生。非遗传承人为当地年轻人授课、培训，推广普及毛皮滑雪板制作技艺，并举办了多期制作比赛。各地游客纷至沓来，见证万余年前人类的智慧，亲身体验非遗的文化魅力。

在黑龙江，以农耕为主的满族、朝鲜族，以捕鱼为生的赫哲族，以狩猎为生的鄂伦春族和以牧业为主的蒙古族、达斡尔族，这些民族保留着北方少数民族所特有的民俗风情，成为黑龙江重要的民俗旅游资源。大海林雪乡人家、伊春红星林海人家、白银纳鄂伦春人家、街津口赫哲人家、镜泊湖冬捕、连环湖冬捕、玉泉狩猎场、梅花河狩猎场、桃山狩猎场等九大冰雪民俗，共同绘制出龙江冰雪与民族文化、民俗文化交织的全景图。

在吉林松原，"查干湖冬捕"作为北方少数民族契丹人民"四时捺钵"的重要生活方式，其文化已由辽代的鼎盛时期绵延至今千余年。2004 年，中国城市研究会依据《亚太人文生态价值评价体系》，把查干湖冬捕列入"中华百大美景奇观"，并载入《亚太国际卓具保留价值的生态历史财富》蓝皮书目录；2006 年，查干湖冰雪捕鱼旅游还被中国旅游产业年会评为中国十大生态类节庆；2008 年，查干湖冬捕被国务院批准确定为国家级非物质文化遗产，查干湖旅游区也被文化部确定为国家级非物质文化园区。而查干湖冰雪渔猎文化旅游节，也将于 2021 年 12 月迎来第二十届，文化旅游节期间也将开展一系列活动，包括情景剧《盛世契丹春捺钵》，文旅融合的进程得以进一步提升。

在内蒙古呼伦贝尔根河，敖鲁古雅鄂温克族是我国鄂温克族独具特色的一个群体，他们自 300 年前由列拿河流域迁徙到大兴安岭，常年居住在密林深处从事游猎生产，靠狩猎和饲养驯鹿生活，历史上被称为"使鹿部落"。驯鹿迁徙展演、驯鹿拉雪橇、驯鹿冰雪旅游节等文旅融合产品成为极具地方特色与文化传承的体验内容。

与此同时，"悠久历史"与"多元民族"一道，共同创造了我国冰雪文旅融合的"满天星斗"。其中，"文化遗产 + 冰天雪地"的独特景观，已成为传统文化与现代旅游活动相融合的经典类型。北京故宫的"雪中紫禁城"、甘肃天水的"麦积披雪"、甘肃敦煌的"冬游大漠""雪润敦煌"、河南洛阳的"老君山赏雪"、巴渝交界的"华蓥雪霁"、浙江杭州的"断桥赏残雪"，为中国的世界文化遗产、文化古迹增添了独特的时空体验视角。

"冰雪秘境"主题也是近年来，尤其是 2020 年全球新冠肺炎疫情持续，出境游回流背景下，冰雪文旅融合的新典范。2021 年，西藏继续扩大"冬游西藏·共享地球第三极"活动的影响力，针对产业链下游的"冬游西藏"优惠活动政策已执行 4 年。仅拉萨一地就已打造出系列冬季旅游系列品牌，如冬季暖阳、藏药温泉、越冬候鸟等冬季特色旅游项目。此外，"藏南天空之境"——位于山南地区的普莫雍措，是国内唯一可媲美贝加尔湖的蓝冰湖泊，藏语意为"飞翔的蓝宝石"。库拉岗日、白马林措、白马林措等众多湖泊、雪山、寺院，也成为藏地"冰雪秘境＋宗教人文"的藏地吸引物代表。

2. 节庆文化：传统与现代交织的文旅开发

在占比最大的节庆活动中，多数节庆活动承载了非物质文化遗产内容，包括民俗、民间美术与工艺美术、传统手工技艺及其他工艺技术、传统武术、体育与竞技，传统音乐、传统舞蹈、传统戏剧、曲艺、杂技、传统的医学和药学。例如，横跨黑龙江与内蒙古地区的鄂伦春族，是我国最后一个狩猎民族，世代游猎于大小兴安岭，以狩猎生活为主，采集和捕鱼为辅。在长期的狩猎生产生活中，形成了独特的森林狩猎文化。"斜人柱"的独特居住建筑、"赞达仁"原生态民歌，"鲁日格仁"民族舞蹈，萨满教，桦皮和兽皮制作技艺、采集都是鄂伦春原生态文化的主要内容。"冰雪伊萨仁"作为内蒙古冰雪那达慕系列活动之一，截至 2021 年已连续举办 8 届。"伊萨仁"鄂伦春语是集会、聚会之意。2015 年，凭借鄂伦春族篝火节、冰雪伊萨仁等特色民族节庆活动，呼伦贝尔鄂伦春自治旗被国家民委授予"中国品牌节庆示范基地"荣誉称号。作为百年民俗"采头冰"的重要传承，"哈尔滨采冰节"截至 2021 年已连续举办 3 届。东北先民很早就发明了用冰雪储藏食物的办法。他们还在辞旧迎新之际，用猎来的禽兽举行大祭，以避灾迎祥，后成习俗，是为腊祭。后来随着贮藏食物增多，采冰量也增大，人员也多，偶有采冰人掉进冰窟窿里，采冰危险性也越来越大，开始采冰前都搞一个祭祀仪式，主要是祈祷平安。现代采冰仪式去除了一些迷信色彩的内容，主要包括六个步骤：迎风旗、震天鼓、祈福词、出征酒、采头冰、系鸿运等传统采冰仪式。木兰滚冰习俗，是黑龙江省级非物质文化遗产之一。1991 年，木兰县委、县政府充分开发了这一独具风采的民俗文化，确定每年的正月十五为木兰县滚冰节。作为清代两京之一所在地，沈阳的"盛京冰嬉节"已举办 3 届，并融合了冰龙舟赛、冰帆赛等传统体育、现代体育赛事，成为"文体旅"融合的节庆品牌，也成为清代冰嬉盛典的"国俗"的文化传承。位于丝路要道的甘肃张掖，"金张掖冰雪旅游文化节"截至 2019 年已举办 7 届，除了普通的滑雪、雪地行走等娱乐竞赛项目外，甘肃独有少数民族裕固族传统特色的顶杠子、拔棍等民族体育项目也在节庆中得到广泛传播与传承。

而一些举办历史悠久、活动内容多元、传统与现代文化交织的冰雪节庆，也正在成为享誉世界的节庆 IP。如中国·哈尔滨国际冰雪节、亚布力滑雪节、查干湖冰雪渔猎文化旅游节、乌鲁木齐"丝绸之路"冰雪风情节、内蒙古冰雪那达慕、四川冰雪和温泉旅游节等，如表 7-2 所示。

表 7-2　　　　　　　　　　各地主要冰雪旅游节庆活动

节庆名称	所属地区	所属省份	活动标签
巴里坤第十届冰雪文化旅游节	西北	新疆	实景表演
博湖县冰雪节	西北	新疆	实景表演
萨吾尔冬牧文化旅游节	西北	新疆	实景表演
天池景区冰雪节	西北	新疆	观光
乌鲁木齐"丝绸之路"冰雪风情节	西北	新疆	红色文化
新疆冬季旅游产业交易博览会	西北	新疆	购物
新疆和静民间文化旅游冰雪节	西北	新疆	实景表演
中国阿勒泰冰雪节暨人类滑雪起源地纪念日庆典活动	西北	新疆	实景表演
巴里坤第十届冰雪文化旅游节	西北	新疆	观光
天池景区冰雪节	西北	新疆	实景表演
乌鲁木齐"丝绸之路"冰雪风情节	西北	新疆	实景表演
新疆和静民间文化旅游冰雪节	西北	新疆	观光
巴里坤第十届冰雪文化旅游节	西北	新疆	美食
乌鲁木齐"丝绸之路"冰雪风情节	西北	新疆	美食
青海西宁冰雪文化旅游节	西北	青海	观光
西宁冰雪文化旅游节	西北	青海	观光
宗家沟冰雪文化旅游节	西北	青海	实景演出
西宁冰雪文化旅游节	西北	青海	实景表演
宗家沟冰雪文化旅游节	西北	青海	观光
牡丹江中国雪乡旅游节	东北	黑龙江	观光

续表

节庆名称	所属地区	所属省份	活动标签
松花江冰雪嘉年华	东北	黑龙江	主题公园
太阳岛雪博会	东北	黑龙江	观光
亚布力滑雪节	东北	黑龙江	实景表演
中国·哈尔滨国际冰雪节	东北	黑龙江	观光/实景表演
中国伊春森林冰雪欢乐季	东北	黑龙江	观光/实景表演/亲子研学
查干湖冰雪渔猎文化旅游节	东北	吉林	头鱼拍卖
第四届冰雪美食节	东北	吉林	美食
吉林国际冰雪产业博览会	东北	吉林	观光
长白山粉雪节暨长白山雪文化旅游节	东北	吉林	美食
长春冰雪节暨中国长春净月潭瓦萨国际滑雪节	东北	吉林	观光
中国·吉林国际雾凇冰雪节	东北	吉林	观光
吉林国际冰雪产业博览会	东北	吉林	购物
长白山粉雪节暨长白山雪文化旅游节	东北	吉林	粉雪
大连国际温泉滑雪节	东北	辽宁	实景表演
葫芦古镇第四届冰雪节	东北	辽宁	观光
沈阳冰雪节	东北	辽宁	观光
大连国际温泉滑雪节	东北	辽宁	温泉
葫芦古镇第四届冰雪节	东北	辽宁	实景表演
沈阳冰雪节	东北	辽宁	实景表演
大连国际温泉滑雪节	东北	辽宁	美食
北京冰雪文化旅游节	华北	北京	文博演出
国际冬季运动（北京）博览会	华北	北京	观光
龙庆峡冰灯	华北	北京	观光
承德冰雪温泉国际旅游节	华北	河北	观光
平山冰雪温泉旅游文化节	华北	河北	观光
秦皇岛市欢乐冰雪节	华北	河北	观光

续表

节庆名称	所属地区	所属省份	活动标签
石家庄"林海雪园"冰雪节	华北	河北	观光
邢台县"助力2022冬奥会 畅享邢襄冰雪季"	华北	河北	观光
中国崇礼国际滑雪节	华北	河北	实景表演
承德冰雪温泉国际旅游节	华北	河北	温泉
平山冰雪温泉旅游文化节	华北	河北	温泉
秦皇岛市欢乐冰雪节	华北	河北	实景表演
承德冰雪温泉国际旅游节	华北	河北	实景表演
中国阿尔山冰雪节	华北	内蒙古	实景表演
呼伦贝尔冰雪日	华北	内蒙古	观光
内蒙古冰雪那达慕	华北	内蒙古	观光/实景表演
中国阿尔山冰雪节	华北	内蒙古	观光
达里诺尔冬捕节	华北	内蒙古	观光
满洲里中俄蒙国际冰雪节	华北	内蒙古	观光
美林谷国际冰雪节	华北	内蒙古	实景表演
南海湿地冰雪节	华北	内蒙古	观光
赛汗塔拉冰雪文化季	华北	内蒙古	观光
天赋河套·乌梁素海第三届国际冰雪旅游节	华北	内蒙古	观光
紫蒙湖冬捕节	华北	内蒙古	实景演出
达里诺尔冬捕节	华北	内蒙古	实景表演
美林谷国际冰雪节	华北	内蒙古	观光
赛汗塔拉冰雪文化季	华北	内蒙古	购物
天赋河套·乌梁素海第三届国际冰雪旅游节	华北	内蒙古	美食
赛汗塔拉冰雪文化季	华北	内蒙古	美食
天赋河套·乌梁素海第三届国际冰雪旅游节	华北	内蒙古	实景表演
乌海湖冰雪节	华北	内蒙古	观光/美食/实景表演
龙栖湖冰雪文化旅游节	华北	山西	观光
朔州市怀仁首届冰雪节	华北	山西	观光
代县峨口佛光庄年度盛事腊八冰雪节	华北	山西	观光

续表

节庆名称	所属地区	所属省份	活动标签
临汾人祖山景区冰雪节	华北	山西	观光
平定县固关第四届冰雪节	华北	山西	观光
忻州冬季冰雪嘉年华	华北	山西	实景表演
右玉西口风情冰雪嘉年华	华北	山西	观光
平定县固关第四届冰雪节	华北	山西	美食
神农架冰雪节暨神农架大众冰雪运动会系列活动季	华中	湖北	观光/实景表演
四川冰雪和温泉旅游节	西南	四川	实景表演

资料来源：课题组统计。

3. 现代文化：现代文体生活方式的冰雪延伸

在总占比近1/3的现代生活方式中，多样化的"冰雪＋"活动正在越来越多地进入文旅供给。冰雕冰灯、光影秀、冰雪摄影、冰雪马拉松、雪地电音节/音乐节、雪地摇滚、夜滑、公园Freestyle滑雪、雪地火锅、雪地摩托、雪地露营、狗拉雪橇、冰滑梯、冰泡、冬泳、冰上帆船、冰上漂流、冰雪主题密室逃脱等以"冰天雪地"为自然背景与符号，或运动与娱乐载体的室内外活动，成为现代冰雪文旅融合中大众旅游的重要引擎。

在新疆地区，禾木冰雪摄影、阿勒泰冰雪光影秀、喀纳斯湖冰雪马拉松等现代文旅融合产品，迎合了现代人审美、休闲、娱乐、健身、社交等多元需求，正在成为传统冰雪观光、冰雪运动的有力补充。

在河北崇礼，符合年轻人审美与娱乐方式的雪上电音节等现代文化符号正在形成规模优势。以2020年冬季崇礼太舞滑雪小镇与天猫联合举办的"万有燃力派对"为例，从发热门综艺《说唱新世代》走出的W8VES厂牌，是由哔哩哔哩联合青年潮流文化引领者88rising联合打造的，尽管成立时间不长，W8VES厂牌却展示出不一样的市场嗅觉。其不仅定位无限贴近"Z世代"①，还具有很强的互联网造势基因。作为一项在青年人当中新兴起的运

---

① "Z世代"即网络流行语，也指新时代人群。

动，"滑雪"关乎速度、刺激和肾上腺素。在超低温环境里独自面对挑战，与自然较量，一步步逼近极限。而音乐，正是这项运动的最佳拍档。

（二）文化与自然"分庭抗礼"

根据课题组调研，游客最想体验的冰雪活动类型中，"运动类""观赏类""节庆类"为首选四大类别，偏好占比50%以上。美食体验、民俗体验、在地文艺活动和在地生活方式等围绕"文旅"融合的体验活动，虽未进入"主流"类别，但也达到了一定较高比重的偏好，彰显"文化冰雪"与"自然冰雪"的"分庭抗礼"。如图7-8所示。

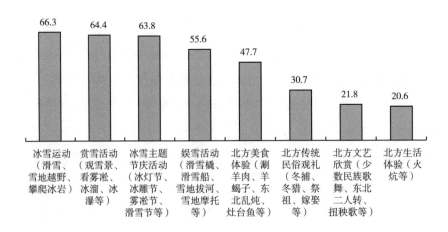

图7-8　游客最想体验的冰雪活动类型（单位：%）

资料来源：课题组调研。

首先，在游客认为有吸引力的"冰雪+"活动中，"参与冰雕/冰灯制作""运动项目（滑雪、滑冰、攀冰岩、雪地马拉松等）""冰屋旅馆、冰屋餐厅""民俗民风（冬捕、冬猎、民俗节庆活动等）"为最受欢迎的"冰雪+"体验内容。其次，"冰雪+真人秀"（极限挑战）、影视IP，也是较受关注的体验对象。如图7-9所示。

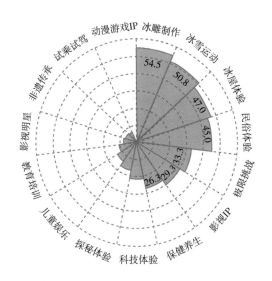

图 7-9　游客认为有吸引力的"冰雪+"活动（单位：%）

资料来源：课题组调研。

四、冰雪文旅融合的未来之路

（一）文化自觉之路

费孝通先生认为，文化自觉只是指生活在一定文化中的人对其文化有"自知之明"，明白它的来历，形成过程，所具的特色和它发展的趋向……自知之明是为了加强对文化转型的自主能力，取得决定适应新环境、新时代文化选择的自主地位。① 我国冰雪文旅融合的未来之路，首先是一条文化自觉之路，通过识别、整理、融合、实践，系统地认知冰雪文化的传承与更新，为冰雪旅游不断注入可持续发展的势能。

1. 传统文化：文旅融合的后发优势

根据各省份非物质文化遗产（含民俗类）、国家级文物保护单位等指标

---

① 费孝通. 对文化的历史性和社会性的思考 [J]. 思想战线, 2004, 30 (2): 1-6.

综合判断，山西位于文化遗产丰富度的第一梯队，河北、陕西、内蒙古、甘肃位于第二梯队，北京、天津、黑龙江、吉林、辽宁、新疆位于第三梯队。以文化遗产、非物质文化遗产、文物保护单位构成的"传统文化圈"的丰沛资源，将成为冰雪文旅融合的"后发优势"。位于文化遗产丰富度第一梯队的山西，自华夏文明初生便是连通北方草原民族与中原民族的重要文明走廊，也是中华文明的"策源地"，众多地上建筑遗存与地下文物，以及伴随漫长文明遗留下来的非物质文化遗产，为冰雪文旅融合提供了大量素材和文本。在近年的"仿古热"背景下，可开发"雪景＋古建""冬日仿古""文物冰雕"等项目。

而在传统冰雪旅游省份，一些新消费时代下的现当代文化遗产，也将与冰雪旅游融合创生出更加多元的体验项目。例如，马迭尔餐饮作为黑龙江省级非物质文化遗产"传统技艺"，其代表性冷饮食品马迭尔冰棍，既是现代游客必打卡的体验商品，又是国潮消费的符号化象征。未来，围绕老字号手工制作、工业旅游、西餐文化、主题乐园等多元体验项目，将成为冰雪文旅融合的新动能。

2. 现代文化：大众化与自觉化

一是"冰雪基建"带动现代文化的大众化普及。现代冰雪文化与旅游融合，主要体现在大众的文化普及。课题组根据综合滑雪场（含室内）、滑冰场（含室内）、冰雪特色学校、冰雪运动协会、冰雪运动俱乐部等几大指标，综合形成"现代冰雪文化丰富度"，用以评估各地现代冰雪文化的大众化普及程度。从全国范围来看，传统冰雪旅游省份的黑龙江、吉林、辽宁、北京、河北、新疆、内蒙古，以及北方的山东地区，现代冰雪文化的普及度相对南方更高，其中黑龙江与河北地区占据了文化普及的冠亚军位置。

如果仅从南方地区局部来看，长三角地区与四川在现代冰雪文化的普及上占据先发优势，华中地区的湖北、西南地区的贵州、重庆、东南沿海地区的福建、广东也孵化了较好的现代文化普及环境，共同助力于"三亿人上冰雪"。湖北十堰的雪地"撸"大熊猫、云南香格里拉梅里雪山北坡下的星空露营、湖南永州的云冰山一脚跨两省、四川广安的华蓥雪霁以及社交媒体也为冰雪文化在南方市场的发育、普及创造了良好环境。

二是新消费时代的"文化自觉"。新消费时代下的冰雪旅游，主要表现为"五种特质"，分别是"符号化""精神化""娱乐化""社交化""视觉化"。

"符号化"的国潮消费作为"Z世代"新青年的重要消费内容与身份符号化的手段之一，是现代冰雪文化与冰雪旅游融合不可回避的话题。2021年，从登上热搜的"唐宫小姐姐"和"水下洛神舞"，到三星堆出土黄金面具引发考古潮，"国潮"在吸引大众眼球的同时，也在以"Z世代"为代表的新消费群体中开辟出了新机遇。未来，新中式茶饮、国潮雪糕品牌与冰雪旅游目的地的跨界合作、国产滑雪装备品牌与滑雪度假区、冰雪旅游度假区的跨界联姻等符号化的商业合作，将成为新的文旅融合增长点。"Z世代"新青年将不仅在熟悉的居住地和网络世界见到钟薛高、蜜雪冰城、茶颜悦色、王老吉、健力宝、五羊、北冰洋、峨眉雪、南恩、Vector、Nobaday等全国性、区域性餐饮、服饰品牌，也会在喜爱的冰雪旅游目的地看到冰雪文化与商业文化的交流与互动、碰撞与新生。

"精神化"的IP消费和娱乐化的消费，将主要表现在影视、动漫、文学、音乐等IP，或明星真人秀、网游、电竞、剧本杀等娱乐内容在冰雪旅游目的地的孵化、空降、联动。以2020年冬季崇礼太舞滑雪小镇与天猫联合举办的"万有燃力派对"为例，从热门综艺《说唱新世代》走出的W8VES厂牌，是由哔哩哔哩联合青年潮流文化引领者88rising联合打造的，尽管成立时间不长，W8VES厂牌却展示出不一样的市场嗅觉。其不仅定位无限贴近"Z世代"，还具有很强的互联网造势基因。作为一项在青年人当中新兴起的运动，"滑雪"关乎速度、刺激和肾上腺素。在超低温环境里独自面对挑战，与自然较量，一步步逼近极限。而音乐，正是这项运动的最佳拍档。

再以大型冬奥运动体验真人秀节目《冬梦之约》为例，《冬梦之约》是由北京冬奥组委发起，北京广播电视台联合出品并承制首度揭秘冬奥场馆和大型户外音乐真人秀。将邀请冬奥文化推广使者、演艺明星、冰雪运动员、场馆设计师及场馆建设者组成探秘团到访冬奥场馆，介绍场馆信息及设计亮点，以大型季播真人秀的方式首次全方位、多视角地探访、揭秘冬奥场馆的独特魅力。节目将与国家级院团合作，结合不同冬奥场馆的故事与特点，创排出高质量舞台精品，以"真人秀＋音乐"的形式呈现出一场场精彩纷呈的冬奥场馆音乐秀。

"社交化"主要体现在围绕"种草消费"行为的目的地营销。"Z 世代"的典型特点是喜欢在抖音、快手、小红书、B 站、微博、知乎等社交平台看大量的内容、帖子。这些已经成为他们的社交货币。以小红书为例，2020 年小红书上滑雪相关笔记的发布量同比增长 89%，在 11 月下旬的开板季，小红书上"滑雪"内容相关搜索量与去年同期相比涨幅达到 150%，发布量达到去年同期的 400%。

"视觉化"的审美沦陷，一方面体现在观冰赏雪等传统观光形式的旅游依然受到新青年尤其是南方出生的新青年市场追捧；另一方面，以冰雪为背景的东西方民族传统服饰私拍、虚拟现实等现代科技加持的沉浸式冰雪观赏等体验内容将进一步提高新青年对"审美"的品位与需求。同时，集合冰雪背景的文化遗产体验、古代生活复原观摩、中国雪景山水画①复原，以及现代生活方式体验，将成为吸引新青年市场的又一增长点。

（二）融合共生之路

习近平总书记指出，当今世界，人类生活在不同文化、种族、肤色、宗教和不同社会制度所组成的世界里，各国人民形成了你中有我、我中有你的命运共同体。中国人早就懂得了"和而不同"的道理。史学家左丘明在《左传》中记录了齐国上大夫晏子关于"和"的一段话："和如羹焉，水、火、醯、醢、盐、梅，以烹鱼肉。"② 我国现代冰雪旅游与冰雪文化的交织融合，

---

① 雪景山水是中国画的一个独特门类，也是中国山水画的一个重要分支。雪有柔媚之姿、慧洁之质，也许正是由于这些自然特质，冰雪世界一直是古往今来的文人雅士所钟爱并竞相描绘的景致。唐代王维的《雪溪图》、五代赵幹的《江行初雪图》、北宋赵佶的《江雪归棹图》等，均是典型代表。

② 习近平主席在联合国教科文组织总部的演讲，2014。

也是全球一体化下中国与不同国家、民族的交流互通、文明互鉴。旅游作为经贸活动的重要板块，促成全球冰雪文化的融合共生。

1. 出境游：生活至上，体验"沉浸"

根据《中国冰雪旅游发展报告（2021）》，2020 年热度排名前五位的冰雪出境游项目，分别是日本白川村（白色童话世界）、日本札幌（滑雪、喜乐乐、星野度假村等）、美国塔尔基特纳（冰川飞行体验）、美国费尔班克斯（与圣诞驯鹿一起森林漫步）。对于中国出境旅游者来说，在体验全球优质雪场条件、粉雪资源的基础上，"沉浸式"感受在寒带、亚寒带地区生活的各民族人类的生活方式、精神面貌与信仰，是出境旅游的刚需市场之一。独特的气候资源环境下所产生的生活方式与价值观，融化在"绿蚁新醅酒，红泥小火炉，晚来天欲雪，能饮一杯无"的百姓生活中，形成一股巨大的磁力，吸引世界各地的游客前往体验。这种"全域旅游"的生活方式，也是游客心中对于"理想冰雪城市"的定义。中国的"白色度假客"，目前虽数量不多，却是对国际知名的冰雪旅游目的地情有独钟的市场群体。更为重要的是，作为"意见领袖"，他们的消费认知与消费选择，将影响更多中国游客走向全球冰雪旅游目的地。

"北欧都得滑着雪去上学，你不会滑雪就跟不会走路一样，这是很正常的一件事情，他就是融入你的日常生活里了，那是很自然的……这种城市去住一段时间都可以，感受一下那种文化。"

——课题组深度访谈摘录（北京，李某，男，29 岁，未婚）

"我希望我包括住，包括吃都有冰雪的特色，我住的地方我一拉开窗帘我看到一个冰雕，就是雪人堆起来的，然后吃的现捕上来那种，从冰上砸开各种捕上来的鱼什么的，我觉得这是比较好的……走到路上你看到好多小孩在打雪仗的这种，反正就是比较生活化日常化，而不是单独就是做这个冰雪城市而搞的这些项目，那其实就觉得没什么意思……这是高级的，就是文化融入了冰雪，就是无处不在的感觉。"

——课题组深度访谈摘录（北京，李某，男，28 岁，未婚）

与国内节庆活动占据文旅融合"半壁江山"的情况类似，多样化的冰雪节庆活动，也是各国冰雪旅游的主题之一。中国冰雪旅游第一大出境国日本，就有包括札幌冰雪节、旭川冬季节、层云峡冰瀑节、网走流冰节、镰仓雪屋节、东京耐冻节等至少十余项知名的冰雪传统与现代节事。以札幌冰雪节为例，札幌成功举办了冬奥会、亚冬会等体育赛事，并随着冰雪运动设施建设的不断完善，吸引了大批国内外游客。札幌雪节美誉度的保障和经济效益的稳定，不仅仅依靠冰雪旅游产品，令人向往的北海道风光、精粹的北海道美食、著名的北海道温泉、舒适的北海道滑雪以及日本购物等要素的集合效应，产生了巨大影响。札幌冰雪节是典型的群众参与型节庆活动，组委会将节日的宗旨定为：人人都可以参与的雪节。尤其注重调动本地民众的参与，其所采用的大众导向型模式也是雪节经久不衰的重要原因。

2. 入境游：文化为魂，崇尚独特

在入境游产品中，"冰雪文化大国"的形象包括传统形象与现代形象两部分。前者主要以冰雪自然资源背景下的文化遗产体验、古代生活方式与精神世界的现代化体验、表演为载体；后者主要以奥运会举办国等系列衍生形象为载体，吸引入境游客的关注。根据课题组调研，近八成的入境游客认为中国的文化遗产对他们很有吸引力，他们最期待从中国的文化遗产中"感知到独特的文化"（见图7-10）。

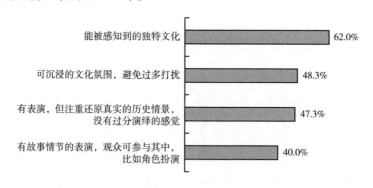

图7-10　入境游客对中国文化遗产之旅期待的体验

资料来源：课题组调研。

以中国文化的典型"IP"长城为例，长城作为中华民族自强不息的奋斗精神和众志成城、坚韧不屈的爱国情怀，已经成为中华民族的代表性符号和中华文明的重要象征。根据课题组调研，80%的中国入境游客有过攀登长城的经历，其中42%的人还曾经复游过北京范围内的长城。其中，八达岭长城和司马台长城是国际游客最常去游览的景区。入境游客游览长城的目的有比较明显的"打卡"印记，另外还包含着文化体验、健身等目的（见图7-11）。入境游客可以同时从物质和精神层面理解长城文化，物质上的长城是世界文化遗产和工程上的奇迹，而精神层面的长城包含了国家、民族传承的精神内核，同时，在入境游客心目中，长城的形象是非常具有感召力的；值得一提的是，长城的"好汉"标签在入境游客中辨识度很高。入境游客对长城的印象如图7-12所示。

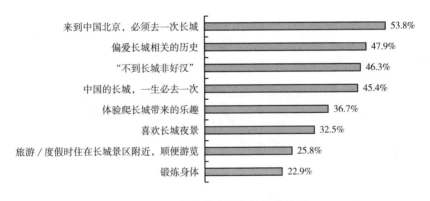

图7-11　入境游客游览长城的动机

资料来源：课题组调研。

我国历代长城修建跨越的地区，正是农牧分界线所覆盖的北方诸民族及当代主要冰雪旅游大省所在地。"长城地带"和"冰雪旅游核心发展带"有着高度重合，也是冰雪文旅融合的重要历史与地理空间。2021年，国家文化公园建设工作领导小组印发《长城国家文化公园建设保护规划》，各省份先后印发其各自辖区内的长城国家文化公园建设保护规划，加快推进长城国家文化公园建设提供科学指引。在国家战略的历史背景下，未来的长城文旅融合作为入境旅游的重要内容，也将与后冬奥旅游、冰雪旅游全面融合，成为

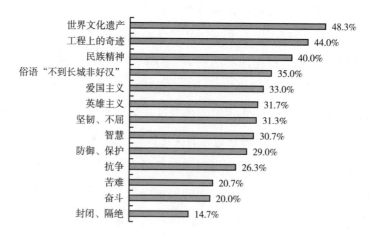

图 7 – 12　入境游客对长城的印象

资料来源：课题组调研。

入境游客心中"独特的文化景观与冰雪体验"。

3. 国内游："和而不同""向内而生"

我国传统的冰雪运动，经历了生产劳动、军事战争、休闲娱乐、竞赛表演等功能演化，与社会文化发展息息相关，留下了各类古籍文献、文化遗迹、珍贵文物等遗产，是中华文化的宝贵财富，是中国智慧、中国精神的具象化表达。冰雪资源与生活方式的融合，在我国北方地区的主要表现形式有"冰雪＋节庆""冰雪＋民俗""冰雪＋非遗""冰雪＋文化遗产""冰雪＋文化创意"等文旅融合聚集区。而近年来受国家政策、市场需求、资本跟进等多重因素推动的南方地区冰雪旅游，也逐渐生发出与北方市场"和而不同"的发展路径。在国内游市场"向内而生"的背景下，南方市场以资本与媒体为两翼，综合型、网红型冰雪旅游项目层出不穷，为冰雪文化的大众化普及培育了良好的土壤，也将为中国冰雪文化的南北交流提供现实基础与客观条件。

第八章

我国冰雪旅游气候资源评价与利用*

旅游资源是旅游活动开展的核心和基础，冰雪资源是未来旅游业发展的重点资源之一。冰雪旅游是以冰雪资源为主要的旅游吸引物，体验冰雪文化内涵的所有旅游活动形式的总称。近年来，在北京2022年冬奥会的成功举办的助推下，我国冰雪旅游开发呈现出明显的发展趋势，冰雪运动也逐渐由小众运动转变为大众休闲运动。

冰雪旅游资源可从冰资源和雪资源两个部分来描述，冰资源可以开展冰灯和冰雕观赏、冰上体育运动、冰上娱乐活动等项目；雪资源可以开展雪景和雪雕观赏、滑雪、雪地赛事等旅游项目。无论是冰资源，还是雪资源，都可以进行充分利用开展一系列参与性强的旅游活动。

冰雪资源属于气候资源，与温度、降水、风等气象因子密不可分。因此，冰雪旅游的开发对气候资源具有较强的依赖性，一般来讲适宜开展冰雪旅游的地区需要同时具备寒冷的气候条件和适宜的地形条件，一般冰雪旅游地区处于寒温带或中温带，山地面积多于平地，具有坡度轻平缓、冰雪期长等特点。

一、我国的冰雪旅游气候资源特点

（一）我国幅员辽阔，冰雪资源丰富

从2016~2020年卫星遥感积雪监测情况来看，我国最大积雪覆盖面积每

---

* 该部分原载于《中国冰雪旅游发展报告（2021）》，由韩元军、吴英等执笔。

年均超过 600 万平方千米，2018 年全国积雪面积最大，全国有 27 个省（区市）出现积雪，总计覆盖面积达到了 678.5 万平方千米。2017 年积雪面积最小，约 605.8 万平方千米。如图 8 - 1 所示。

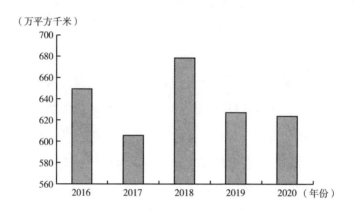

（万平方千米）

图 8 - 1　2016～2020 年我国积雪最大覆盖面积

资料来源：课题组研究整理。

（二）高纬度高海拔，冰雪资源优势明显

从空间分布来看，积雪主要集中在高纬度和高海拔地区，我国三大积雪区集中在内蒙古东部和东北地区、青藏高原、新疆北部一带，这些地区在 2016～2020 年每年积雪覆盖面积变化不大。而我国中东部地区积雪覆盖最南界年际变化较大。2018 年积雪覆盖了长江以北的大部地区。2020 年积雪覆盖区域南界在山东中南部、河南西部。一般不稳定积雪线分布在北纬 24°南岭及其北部地区，无积雪地区包括福建、广东、广西、云南南部和海南。

从各省级行政区域积雪覆盖面积统计来看，东北地区（黑龙江、吉林、辽宁和内蒙古东部地区）、西北地区（新疆北部、甘肃、青海）、高原地区（西藏、四川西部地区）等地积雪覆盖面积大且年变化不大，冰雪旅游资源优势明显；河北、山西、山东、河南等地积雪覆盖年际变化大，总体有一定冰雪资源开发潜力；南方地区如湖北、湖南、云南等地虽然缺少大范围的积雪，但是可以依托山地立体气候开展冰雪旅游开发（见图 8 - 2）。

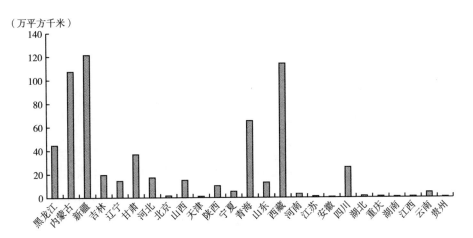

（万平方千米）

图 8 - 2　2020 年我国各省份积雪覆盖面积

资料来源：课题组研究整理。

（三）北方降雪日数多，南方单次降雪量大

冰雪景观的形成离不开温度和降雪，随着纬度升高和海拔升高温度都呈现下降趋势，也就是说足够高的纬度和海拔都可以满足冰的出现条件。强降雪需要三个条件：大气中需含有较冷的冰晶核和充沛的水汽；近地层和地面温度较低；较长的降雪时间。气候区属中纬度至高纬度的地区会出现降雪，如果低纬度地区海拔 2000 米以上的高山或高原也有降雪的机会。

我国长江中下游的温暖地带，水汽的来源丰富，动力抬升条件也很强，但是低层大气和地面的温度却很少降到 0℃ 以下，所以冬季以降雨为主。一旦冷空气强度较大，影响区域偏南，南方地区的降雪量就会超过北方，也会成为大家关注的风景。断桥残雪是西湖上著名的景色，以冬雪时远观桥面若隐若现于湖面而称著，属于西湖十景之一。

我国华北、西北的大部分地区，低层大气和地面的温度经常处在 0℃ 以下，但由于大气中水汽含量少，所以降雪也不多。在冬半年，新疆北部的天山及其以北地区和东北地区经常有冷空气侵袭，冷暖交汇抬升运动明显，水气比较充沛。加上这些地区纬度高，低层大气和地面温度很低，降雪不易融化，因此成了我国积雪最多的地方。

（四）积雪覆盖日数地区差别明显

降雪出现后，由于日照、气温和风等因素的影响，积雪会逐渐减少甚至消失。按积雪持续时间的长短，分为永久积雪和季节积雪。季节积雪分为稳定积雪（持续时间在 2 个月以上）和不稳定积雪（持续时间不足 2 个月）。我国永久积雪零星分布在西部高山的冰川区。从近五年卫星积雪监测情况来看，我国稳定积雪区集中分布在新疆天山及其以北地区，内蒙古东部和黑龙江、吉林以及青藏高原东部地区，且积雪时间较长。其他大部分地区积雪覆盖日数不足 20 天，积雪时间较短，尤其是纬度偏南地区，强冷空气或者寒潮南下会带来明显降雪和较深积雪，但冷空气影响过后，温度回升，积雪一般不足 10 天。

二、气象条件对冰雪旅游的影响

冰雪资源与温度、降水、风等气象因子密不可分，同时气象条件也对游客旅游体验影响很大，气象条件对冰雪旅游的影响主要体现在以下几个方面。

（一）适宜的低温环境易于冰雪景观的出现和保持

只有适宜的低温地区才易于积雪和冰雪景观的保持，且有利于冰雪旅游项目的开展。开展冰雪旅游的国家和地区其旅游区基本处于寒温带或中温带，我国冬季平均气温最低的是黑龙江、吉林、内蒙古、新疆、西藏、青海、宁夏等地，如哈尔滨（−14.7℃）、长春（−12℃）、乌鲁木齐（−10.3℃）和呼和浩特（−8.7℃）等。平均气温高的地区一般不具备自然冰雪旅游资源。

从气候平均数据来看，一般情况下 1 月全国各地平均气温达到最低，山东南部、河南北部山西南部、四川西北部、云南北部及其以北地区平均气温都降到了 0℃，新疆北部、东北地区和内蒙古中东部、山西北部和河北北部

等地平均气温低于 – 10℃，利于冰雪旅游活动开展。黑龙江北部、内蒙古东北部的部分地区平均气温低于 – 20℃，极寒有利于冰雪的景观保持，但是过低的温度也会降低旅游者的体验感受。

（二）温度和湿度等要素影响自然降雪的雪质

由于下雪时和下雪后的天气条件不同，雪质会出现各种各样的形态。自然雪有粉状雪、片状雪、雨夹雪、易碎雪、壳状雪、浆状雪、粒状雪、泥状雪、冰状雪等。在我国，南方和北方的降雪是有区别的，南方地区的雪含水量多，北方地区的雪松软干燥。由于大多数滑雪场建立在北方的内陆，受到海洋性季风的影响较小，具有空气干燥、寒冷、风大的特点，雪的形态大多数为粉状雪、壳状雪、浆状雪、冰状雪、粒状雪。每种雪在雪板下都会使滑雪者产生不同的感受，所采用的滑雪技巧也会有所不同。

粉状雪的雪质呈粉末状，其滑行阻力和推雪阻力较小。这种雪对滑雪者来说感受最好，不软不硬，滑行舒适。粒状雪的雪质呈较为松散的颗粒状，粒状雪的滑行阻力和推雪阻力是非常小的，一般会在晚间形成。

（三）温度、湿度和风制约人工造雪

人工造雪通常是指在一定气象条件下，人为模拟天然降雪的过程，将微细的水滴喷射或喷洒到冷空气中，实现由水滴到雪花的转变。与自然降雪的不同之处在于，天然雪源于云层里自然形成的雪晶，而人造雪则由喷射或喷洒到空中的微细的水滴形成。适宜的气象条件是晶核形成的关键。基于多年经验，美国密歇根州瑞士山地雪场为适宜人工造雪的气象条件列出了详细的气温、湿度和湿球温度参考表（见表 8 – 1）。当气温低于 3℃ 时，雪质虽不够理想，但已有适宜造雪的窗口；一般气温在 – 15℃ ~ – 5℃，相对湿度不超过 80%，同时伴有微风的天气条件下可以造出理想雪质的雪。总之，寒冷且干燥的气候最适宜人工造雪。

表8-1   美国密歇根州瑞士山地雪场人工造雪气象条件

气温 (℃)	相对湿度									雪质
	20%	30%	40%	50%	60%	70%	80%	90%	100%	
	湿球温度									
-6.0	-9.2	-8.8	-8.4	-8.0	-7.6	-7.2	-6.8	-6.4	-6.0	适宜造雪
-5.0	-8.4	-8.0	-7.6	-7.2	-6.7	-6.3	-5.9	-5.4	-5.0	
-4.0	-7.7	-7.2	-6.8	-6.3	-5.8	-5.4	-4.9	-4.5	-4.0	可以造雪
-3.0	-6.9	-6.4	-5.9	-5.5	-5.0	-4.5	-4.0	-3.5	-3.0	
-2.0	-6.2	-5.6	-5.1	-4.6	-4.1	-3.6	-3.0	-2.5	-2.0	
-1.0	-5.4	-4.8	-4.3	-3.7	-3.2	-2.6	-2.1	-1.5	-1.0	
0.0	-4.6	-4.1	-3.5	-2.9	-2.3	-1.7	-1.1	-0.6	0.0	
1.0	-3.9	-3.3	-2.6	-2.0	-1.4	-0.8	-0.2	0.4	1.0	
2.0	-3.1	-2.5	-1.8	-1.2	-0.5	0.1	0.7	1.4	2.0	不宜造雪
3.0	-2.3	-1.7	-1.0	-0.3	0.3	1.0	1.7	2.6	3.0	
4.0	-1.6	-0.9	-0.2	0.5	1.2	1.9	2.6	3.3	4.0	
5.0	-0.8	-0.1	0.6	1.4	2.1	2.8	3.6	4.3	5.0	

资料来源：课题组研究整理。

（四）温度、降雪和风影响滑雪体验和安全

《中国冰雪旅游发展报告2020》调研结果表明：冰雪旅游中游客关心的问题中气温占比为5.6%，而影响冰雪旅游体验的原因中气候太寒冷占比为4.7%，温度是影响冰雪旅游体验的首要气象因子。

滑雪作为广受欢迎的大众冰雪运动，大众滑雪体验与天气关系密切。依据气象行业标准《滑雪气象指数》，将滑雪气象指数分为4个等级：1级（非常适宜）、2级（适宜）、3级（不适宜）、4级（非常不适宜）。通过研究发现风力、降雪、气温对滑雪的影响较大。小于2级的风对滑雪无影响；2~3级风对滑雪略有影响；3~5级风会使人站不稳，不太适合滑雪；5级以上风对滑雪影响非常大，不适合滑雪。降雪会影响能见度。小雪对滑雪的影响不太明显，但当出现中到大雪及以上量级降雪时，对滑雪的影响比较大，带来

不安全因素。气温对滑雪体验有着重要的影响。当最高气温在 −12℃ ~ 2℃ 时，非常适合滑雪。当最高气温为 −16℃ ~ −12℃ 时，会使人稍有不适，但还可以在户外活动；当最高气温为 −20℃ ~ −16℃ 时，人们长时间在户外活动将受到影响，不太适合滑雪；当气温在 −20℃ 以下时，人的肢体容易出现僵硬现象，活动不方便，不适合滑雪。如表 8 − 2 所示。

表 8 − 2　　　　降雪量等级、风力等级、最高气温与滑雪影响等级对照

滑雪影响等级	降雪量等级（24 小时）	风力等级 f	最高气温 T_g（℃）
1	无降雪	$f \leqslant 2$ 级	$-12 \leqslant T_g < 2$
2	小雪	2 级 $< f \leqslant 3$ 级	$-16 \leqslant T_g < -12$ 或 $2 < T_g < 10$
3	中雪	3 级 $< f \leqslant 5$ 级	$-20 \leqslant T_g < -16$
4	大雪及以上	$f > 5$ 级	$T_g \leqslant -20$

资料来源：课题组整理。

三、全国冰雪旅游空间格局和各地气候资源优势

以最常见最广泛的滑雪场的情况为例来分析我国冰雪旅游的空间格局。截至 2019 年，我国有滑雪场 770 家，分布在全国 28 各省（区市），数量排名前五位的省份分别是黑龙江、山东、新疆、河北和山西。2019 年全国新增滑雪场 28 家，湖北和新疆新增 5 家居全国首位。从滑雪场空间格局来看，目前我国已经形成滑雪旅游三大区域：东北地区依靠丰富的冰雪气候资源引领我国滑雪旅游的发展，华北地区以冬奥会为契机大力普及推广冰雪旅游，新疆等西部地区依靠特色迅猛发展，形成以三个板块引领全国冰雪旅游共同发展态势。

（一）东北地区和内蒙古东部地区

东北地区（黑龙江、吉林、辽宁）和内蒙古东部地区具有得天独厚的地理优势和丰富的冰雪气候资源，山地面积广、冬季时间长、温度低，有利于各种冰雪景观的建设，属于典型的资源导向型旅游目的地，冰雪旅游开发时间早、规格高、规模大，对国内外市场产生巨大的影响力，将继续引领我国

冰雪旅游的发展。截至 2019 年，黑龙江、吉林、辽宁分别有滑雪场 124 家、43 家和 38 家，占全国总数的 26.6%。

东北地区和内蒙古东部地区积雪多，地形适宜，山水环绕，平原居中，山坡平缓，少陡崖峭壁，冰雪旅游地理优势明显。地处我国东北部，纬度偏高，热量资源较少，冬季漫长气候严寒，结冰期长，日照时长充足，大小兴安岭、长白山等地年平均积雪深度超过 20 厘米，部分地区积雪深度超过 40 厘米，有黑龙江雪乡国家森林公园、吉林雾凇等特色旅游名片，冰雪旅游气候资源得天独厚。

东北地区温度低，日照时间适宜。以哈尔滨为例，旬平均最低气温在 10 月上旬降至 0℃ 以下，5 月上旬升至 0℃ 以上；旬平均气温 11 月上旬降至 0℃ 以下，3 月下旬升至 0℃ 以上。东北地区年平均降雪日数 49 天，年平均积雪日数 99 天，10 月至翌年 3 月平均相对湿度 65%，风速 3.3 米/秒，气候条件很适宜开展冰雪旅游。

东北地区和内蒙古东部地区雪质适宜滑雪。欧洲的阿尔卑斯山和北美的落基山，日本北海道的大雪山、富良野一带被誉为是"粉雪"的最佳之地，滑雪爱好者们将粉雪奉为雪中圣品。在我国东北的部分地区和内蒙古东部地区的气象条件也可以满足粉雪的出现。粉雪易受温度和相对湿度等气象条件的影响，研究表明：气温维持在 −12℃ 左右，相对湿度小于 80% 的天气条件下产生的降雪是最适合滑雪的优质"粉雪"。根据温度湿度等气象条件，在内蒙古东部、黑龙江南部、吉林中东部、辽宁东北部等地都有出现粉雪的机会。

（二）西北地区

新疆、甘肃等西北地区冰雪气候资源条件很好，但由于区位优势不明显，之前发展较慢。新疆雪季时间长，部分地区冬季可从 11 月至翌年 3 月，自然积雪资源丰富便于开发室外冰雪旅游项目；地形优势显著，山地、丘陵和平原提供了多变的地形优势。最近几年，新疆冰雪旅游形式逐渐趋于多样化，从单一的滑雪旅游延伸出大型冰雪观光项目和较完整的冰雪节庆体系。

新疆北部阿勒泰地区、伊犁河谷和沿天山部分地区年平均积雪深度超过30厘米，自然降雪丰富。阿尔泰山是西北—东南走向，山体很高，把来自西伯利亚的冷空气挡在了外面，阿勒泰地区这里的小气候下雪是东欧和中亚过来的暖湿气流影响。气流从西边的山口进来，又被南边的山脉挡住出不去，与这里干冷的空气相遇产生的降雪，降雪含水量很低，阿勒泰的雪，干、粉，降雪量大，且雪季绝大部分时候风很小，很受滑雪爱好者欢迎。

（三）华北地区

以北京北部及相邻的河北北部为代表的环北京地区属于需求导向型冰雪旅游目的地，冬季干燥，但温度高于寒冷的东北地区，日照时数长，山区地形有利于滑雪等旅游活动的开展，借备战北京冬奥会的契机，形成奥运冰雪旅游鲜明主题，大力普及发展冰雪运动，加之良好的交通区位优势和先进的人工开发技术，因此有足够的资本将人们吸引到雪场、冰场中来，从事更加健康的冰雪体育运动。

以崇礼为例，其多山地，坡度陡缓适中。从自然条件来说，是华北地区理想的滑雪地域旬平均最低气温在9月下旬降至0℃以下，5月中旬升至0℃以上；旬平均气温11月上旬降至0℃以下，3月中旬升至0℃以上，旬平均最高气温只有1月在0℃以下。温度适合开展冰雪旅游，且不会因为温度太低影响旅游体验。年平均降雪日数53天，年平均积雪日数70天，年平均积雪深度11.6厘米，但是降雪量差别大，积雪深度年变化较大，2012年积雪深度达到了38厘米，而2004年只有4厘米。

（四）南方地区

从气候资源来讲，南方大部平原地区冬季气温偏高，不适合冰雪旅游的开展。但是一般气温随着海拔高度的升高而降低，每升高1千米，温度就下降6℃左右，因此南方地区的部分高原或山区具备"一山有四季，十里不同天"的立体气候,不仅可以呈现出阳春白雪式的独特景观,也可以呈现出雪域、冰川、高山草甸、原始森林共存的垂直生态景观。

四川大邑气象观测站(海拔525.3米)平均降雪日数3天,平均积雪日数0.7天,平均积雪深度0.4厘米,12月至翌年2月平均最低气温0.4℃,旬平均气温大多低于0℃(见图8-3)。山区随着海拔高度的升高温度会继续下降,高山地区降雪也会多于低海拔地区。大邑西岭雪山因杜甫的千古绝句"窗含西岭千秋雪,门泊东吴万里船"而得名。西岭雪山滑雪场海拔2200~2400米,每年12月至翌年2月为积雪期,形成南方独特的林海雪原奇观。西岭雪山形成了"春赏杜鹃夏避暑,秋观红叶冬滑雪"的四季旅游格局,有云海、日出、森林佛光、日照金山等的高山气象景观。湖北神农架、贵州六盘水等地均依靠高山立体气候开展冰雪旅游开发,让游客在低纬地区也能体验赏冰玩雪的乐趣。

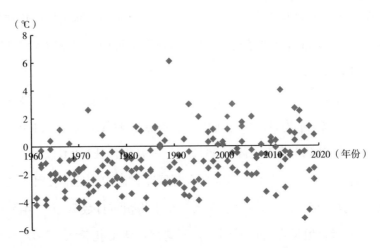

图8-3 1960~2020年四川大邑1月旬平均最低气温分布

资料来源:课题组研究整理。

四、气候变化对冰雪旅游资源的影响

随着全球气候变化日益加剧,气候变暖使瑞士境内许多旅游景点的雪山、冰川等正在加速融化。随着高山积雪越来越少，享有国际声誉的滑雪胜地不得不迁到离雪地资源更近的地方。世界上几乎所有的冰川都在融化，美国蒙大拿州冰川国家公园博尔德冰川是美国 20 世纪 30 年代著名的旅游景点，但现在冰雪所剩无几。气候变化将逐渐改变世界冰雪旅游"格局"。

根据《气候变化国家评估报告》研究结果表明：中国是全球气候变化特征最显著的国家之一。全球气候变化将导致我国冰雪资源不同程度上缩减，进而影响冰雪型旅游产品的开发。

分析哈尔滨年平均气温出现明显上升趋势，从季节来看，冬季变暖幅度最大。积雪和降雪日数变化曲线发现：1961～2019 年哈尔滨积雪日数和降雪日数总体呈现减少的趋势，且 2010～2019 年波动特别明显，2013 年积雪日数 136 天，降雪日数 60 天，均达到了 1961 年以来最大值，而到 2017 年却降到了自 1961 年以来最少日数。

哈尔滨市气温升高，冰雪旅游时间缩短，气候变化对冬季旅游目的地的冰雪项目造成一定不利的影响，加大开发成本。当然，全球变暖所带来的后果也并非全是消极的，哈尔滨的积雪深度 2000 年之后的年均值是 16.6 厘米，比 1991～2000 年的均值增加了 4 厘米，证明近年来降雪次数减少，但降雪量增大，对冰雪旅游是有利的。同时全球变暖会使热量可能会向一些气候寒冷的地区倾斜，漠河县的每 10 年的年平均气温由 1961～1970 年的 -4.92℃，到 2011～2019 年的 -3.19℃，这对于寒冷区域的地区旅游业来说将是有利的。

五、冰雪旅游气候资源开发的问题

（一）空间布局不均衡，冰雪项目缺乏气候条件评估论证

与国外发展了近百年的冰雪旅游相比，中国冰雪旅游还处于初级阶段。近年，伴随着市场需求不断增加，很多地区冰雪旅游项目存在重复开发现象，

赏冰滑雪项目单一雷同，盲目竞争现象严重。冰雪旅游及其产业发展所需气候条件、地形条件、水源条件、能源条件要求较高，但是现阶段，我国对于冰雪旅游项目的选址还缺乏统一的标准，尤其是项目建设前期缺少气候条件评估论证，一些地方和企业在地形、气候等条件不能满足生态环境可持续发展要求下开展冰雪旅游项目，导致项目的开发和布局均存在一定的风险因素。相反，一些地区气候条件、区位交通适合冰雪旅游，却得不到有效开发。

（二）冰雪旅游项目运营时间短产品单一

冰雪旅游季节性明显，易受气温、降水、风力、地形等天气要素影响，经营时间短是绝大多数冰雪旅游区面临的最大问题。滑雪依然是冰雪旅游核心竞争力塑造的重要吸引物，但大多数滑雪场旅游主要依靠滑雪吸引游客，经营项目也比较单一。

（三）部分地区重旅游开发，轻资源保护

旅游目的地的成功开发与运营依赖于良好的生态环境。尽管冰雪体育、滑雪旅游被冠以生态、绿色和低碳产业，但冰雪旅游开发无疑会不同程度地破坏当地的生态环境，在建设过程中，伴随着水资源、能源的浪费以及对大气环境、水环境、人居环境的干扰，反过来生态环境质量的下降会降低滑雪旅游目的地自身的吸引力。在巨大冰雪旅游经济利益引导下，一些地方和企业强行上马冰雪旅游项目，重旅游开发、轻资源保护是不可持续的行为。正如习近平总书记指出的，"冰天雪地就是金山银山"，"自然是生态之母，人与自然是生命共同体，人类必须敬畏自然、尊重自然、顺应自然、保护自然。"如果人为过度破坏环境，就没有绿水青山、没有冰天雪地，也就没有金山银山，只有保护住了绿水青山、冰天雪地的良好生态环境，才能创造更多的财富。如何解决冰雪旅游开发与环境保护这一矛盾，已成为可持续发展的关键。

六、冰雪旅游气象资源开发建议

（一）充分认识和挖掘冰雪旅游气象资源

气象旅游资源是旅游资源的重要组成部分。我国气象旅游资源非常丰富，具有极高的观赏、利用价值及广阔的开发前景。团体标准（T/CMSA 0001 - 2016）"气象旅游资源分类与编码"中按照 3 个大类 14 个亚类 84 个子类对气象旅游资源进行分类，其中和冰雪旅游直接相关的，在天气景观资源大类中包含冰雪 1 个亚类的雪霁、飘雪、霰、太阳雪、雨凇、雾凇、雪凇、霜、冰凌 9 个子类，气候环境资源大类中包含气候景观资源 1 个亚类的冰山、冰川、雪山、凌汛 4 个子类，人文气象资源大类中包括人造景观 1 个亚类的冰雪雕塑、人造雨雪 2 个子类。广阔的国土面积和丰富的地形地貌造就了我国丰富多彩的气象旅游资源，如黑龙江雪乡国家森林公园、吉林雾凇等早已成为当地旅游的名片。要科学利用气象旅游资源，提升冰雪旅游产品质量，切实践行"冰天雪地也是金山银山"的理念。

在全域旅游发展的背景下，气象元素不仅仅是背景和衬托，而是可以作为独特、绿色、优质的旅游资源从幕后走向台前，例如，很多高纬度和高海拔地区冬季开展冰雪旅游，夏季可以开展避暑康养等旅游活动，深层次挖掘气象资源，解决冰雪旅游产品单一问题，延长旅游时间。

（二）开展冰雪旅游气象资源普查和评估

开展冰雪旅游气象资源普查便于摸清家底，通过对冰雪旅游资源的客观描述，可以全面深刻地了解全国冰雪旅游气象资源情况，摸清资源的性质、特征、地理分布、可利用程度和可利用潜力。

开展冰雪旅游气象资源普查便于科学管理，开展冰雪旅游气象资源普查，可以为各级文旅部门制定开发利用和保护冰雪旅游资源的重大决策，培育冰雪旅游经济新的增长点。

（三）完善冰雪旅游开发标准，开展冰雪旅游总体规划

立足于冰雪资源、气候条件、生态环境及经济条件，制订冰雪旅游项目建设开发标准，完善冰雪旅游整体规划设计，推进全国冰雪旅游精品目的地建设。鼓励冰雪资源丰富、气候条件优良、交通便捷、综合条件好冰雪旅游项目，杜绝冰雪资源匮乏、自然条件差、布局不合理的冰雪旅游开发。依托气候资源及其客源市场，使其空间合理化。

（四）保护为主，合理开发，推进冰雪旅游的可持续化

冰雪旅游的发展是建立在良好生态环境之上的，牢固树立保护生态环境就是保护生产力、改善生态环境就是发展生产力的理念。在保护好冰天雪地生态环境基础上，合理开发冰雪资源，在保护中开发，在开发中保护，更好地促进人与生态环境和谐相处，实现绿色发展。

《关于以 2022 年北京冬奥会为契机大力发展冰雪运动的意见》

2021 年 3 月 31 日，中共中央办公厅、国务院办公厅印发了《关于以 2022 年北京冬奥会为契机大力发展冰雪运动的意见》，并发出通知，要求各地区各部门结合实际认真贯彻落实。

《关于以 2022 年北京冬奥会为契机大力发展冰雪运动的意见》全文如下。

2022 年北京冬奥会是我国重要历史节点的重大标志性活动。冬奥会的成功举办离不开冰雪运动的蓬勃发展。近年来，我国在推广冰雪运动方面取得不小成绩，但与世界冰雪强国相比，仍存在竞技水平不高、群众参与面不广、产业基础薄弱等问题，发展任务艰巨繁重。为做好北京冬奥会、冬残奥会备战工作，大力发展冰雪运动，现提出如下意见。

一、总体要求

（一）指导思想。以习近平新时代中国特色社会主义思想为指导，全面贯彻党的十九大和十九届二中、三中全会精神，紧紧围绕统筹推进"五位一体"总体布局和协调推进"四个全面"战略布局，坚持以人民为中心的发展思想，牢固树立新发展理念，创新体制机制，明确备战任务，普及冰雪运动，发展冰雪产业，落实条件保障，努力实现我国冰雪运动跨越式发展。

（二）基本原则

——坚持党的领导。充分发挥党总揽全局、协调各方的领导核心作用，全面加强党对冰雪运动发展工作的领导，牢牢把握发展正确方向，把党的建设贯穿工作全过程。

——坚持改革创新。加快改革步伐，更新发展理念，转变政府职能，创新服务方式，营造良好环境，构建起上下贯通、横向联系、运转有效、全社会共同参与的冰雪运动发展格局。

——坚持问题导向。找准突出问题，补强薄弱环节，明确目标要求，改进工作方法，集中力量攻关，逐个逐项突破，有效破解制约冰雪运动发展的瓶颈难题。

——坚持统筹推进。注重当前、兼顾长远，因地制宜、统筹协调，全面提高冰雪运动发展水平。

（三）主要目标。力争到2022年，我国冰雪运动总体发展更加均衡，普及程度明显提升，参与人数大幅增加，冰雪运动影响力更加广泛；冰雪运动竞技水平明显提高，在2022年北京冬奥会上实现全项目参赛，冰上项目上台阶、雪上项目有突破，取得我国冬奥会参赛史上最好成绩；冰雪产业蓬勃发展，产业规模明显扩大，结构不断优化，产业链日益完备。

二、全力推进北京冬奥会、冬残奥会备战工作

（四）深化备战体制改革。推进全国性单项冰雪运动协会改革，更好发挥协会作用。实行跨界跨项选材，打通冰雪运动项目和其他运动项目后备人才培养渠道。探索国家队多种组建模式，深化国家队训练和管理体制改革，实施扁平化管理，完善公开透明、竞争有序的选拔程序，提高备战工作效率。改革冰雪赛事管理体制，发挥好综合性运动会导向作用，调动军地参与备战、发展冰雪运动的积极性。

（五）加强备战保障工作。大力推进"科技冬奥"重点攻关，推动开通北京冬奥会、冬残奥会训练备战器材及建设工程采购"绿色通道"，优化采购程序、提升采购效率，提高医疗康复、技战术训练、器材装备等方面的备

战水平。支持有条件的地方承担训练保障任务，加强国家队训练场地设施建设，加快组建复合型训练保障团队。深入细致做好国家队思想政治工作，加强爱国主义、集体主义、社会主义教育，切实增强广大运动员、教练员的使命感、责任感、荣誉感。健全激励机制，研究制定符合冰雪运动特点的运动员文化教育和退役安置等方面政策，保障运动员、教练员及相关人员待遇，充分调动广大运动员、教练员及相关人员备战积极性，解决好他们的后顾之忧。

（六）密切国际交流合作。加强与国际奥委会、国际残奥委会、冰雪运动国际组织、冰雪强国体育部门的合作交流。把握国际冰雪运动发展趋势，研究赛事规则和规程，有序组织运动员赴国外高水平冰雪运动基地训练和参加各类冰雪运动单项国际赛事，邀请国外优秀运动员、教练员来华参赛、执教。大力培养冰雪运动国际级裁判和运营管理国际化人才。

（七）严格赛风赛纪要求。强化政治担当，以最大决心，用最严措施，坚决落实赛风赛纪和反兴奋剂工作责任制，坚持对兴奋剂问题零容忍，把北京冬奥会、冬残奥会办得像冰雪一样纯洁无瑕。

三、大力普及群众性冰雪运动

（八）健全群众冰雪组织。充分发挥各级体育总会、冰雪运动协会和其他社会组织作用，组织和引导群众广泛参与冰雪运动。扩大冰雪运动社会体育指导员队伍，支持社会力量兴办冰雪运动培训机构。

（九）建设群众冰雪设施。支持各地结合自然环境、气候条件、社会需求等因素，加强公共滑冰馆、室外滑冰场、滑雪场、综合性冰雪运动中心等场地场所建设，并配建无障碍设施。鼓励在有条件的城市公园或利用其他现有设施、场地，建设冬季临时性户外群众冰雪设施，同步做好安全保障。支持社会力量按照有关标准和要求建设各具特色的冰雪运动场馆。

（十）丰富群众冰雪活动。大力开展冰雪运动进机关、进校园、进部队、进厂矿、进农村、进社区、进家庭等活动，鼓励各地依托当地自然和人文资源，发展形式多样、群众喜闻乐见的冰雪健身项目，推广民族民俗冰雪项目。积极引导社会力量举办业余冰雪赛事，着力打造群众性冰雪精品赛事。深入实施冰雪运动"南展西扩东进"战略，推动冰雪运动向四季拓展，努力实现"带动三亿人参与冰雪运动"目标。

（十一）加强冰雪运动宣传。积极开展冰雪运动宣传报道，充分发挥各级各类新闻媒体特别是新媒体作用，办好冰雪运动节目和专栏，组织创作一批冰雪题材影视作品，加强对冰雪运动知识、冰雪赛事活动的宣传，传播冰雪运动正能量。

四、广泛开展青少年冰雪运动

（十二）举办青少年冰雪赛事。鼓励开展以冰雪运动为主题的冬令营活动，建立健全冰雪项目 U 系列赛事体系，组织全国青少年冰雪赛事。加强青少年冰雪运动相关组织建设，为青少年参与冰雪运动提供更好的培训和指导。

（十三）发展校园冰雪运动。推动全国中小学校将冰雪运动知识教育纳入学校体育课教学内容，制定并实施冰雪运动教学计划。鼓励中小学校采购使用安全系数高、训练效果好的普及型冰雪装备，与冰雪场馆或冰雪俱乐部合作，促进青少年冰雪运动普及发展。鼓励高等学校组建高水平冰雪运动队，构建"冰雪运动特色学校＋冬季奥林匹克教育示范学校＋高等学校高水平冰雪运动队＋冰雪运动试点县（区）"协同推进的校园冰雪运动新格局。制定冰雪运动后备人才培养计划，积极引导学校、企业、社会组织共同参与冰雪运动后备人才队伍建设，形成多元化培养模式。

五、加快发展冰雪产业

（十四）积极培育市场主体。实施品牌战略，推动建立一批产业规模较大的冰雪产业集聚区，发展一批具有较高知名度和影响力、市场竞争力较强的冰雪产业企业，兴建一批复合型冰雪旅游基地和冰雪运动中心。

（十五）优化冰雪产业结构。加快发展冰雪健身休闲产业，推动冰雪旅游产业发展，促进冰雪产业与相关产业深度融合，提供多样化产品和服务。创新发展冰雪装备制造业，制定冰雪装备器材产业发展行动计划，建立冰雪装备器材产业发展平台，推动产业链上下游需求对接、资源整合。支持企业开发科技含量高、拥有自主知识产权的冰雪运动产品。

（十六）拓展冰雪竞赛表演市场。有序申办和举办冰雪运动国际高水平专业赛事。围绕花样滑冰、冰球、冰壶、单板滑雪和短道速滑等观赏性强的冰雪运动，支持社会力量打造精品赛事和活动。支持超高清视频、虚拟现实等新技术手段在冰雪赛事直播和转播中的应用，带动相关产业发展壮大。

六、加强组织实施

（十七）加强组织领导。各级党委和政府要高度重视北京冬奥会、冬残奥会备战工作，主动融入备战体系，坚持举国体制与市场机制相结合，形成工作合力。备战任务重的地方要成立专门的临时性备战工作机构，配备专职工作人员。有条件的地方要把冰雪运动发展纳入本地区经济社会发展的重要议事日程，在冰雪运动人才培养、场地设施建设、物资保障、科技助力、外训参赛、法律服务等方面，为体育部门、残联开展工作创造有利条件。

（十八）强化部门联动。各有关部门要加强统筹协调，及时沟通情况，密切协作配合。体育总局要会同有关部门对落实本意见情况进行监督检查和跟踪分析，研究持续推进冰雪运动发展的各项政策措施，重大事项及时向党中央、国务院报告。

《冰雪旅游发展行动计划（2021—2023 年)》

2021 年 2 月 8 日，为推动我国冰雪旅游高质量发展，助力 2022 北京冬奥会，文化和旅游部、国家发展改革委和国家体育总局共同研究制定《冰雪旅游发展行动计划（2021—2023 年)》，全文如下。

为深入贯彻落实习近平总书记"冰天雪地也是金山银山"的发展理念和党中央、国务院关于加快发展冰雪运动和冰雪产业的决策部署，以 2022 北京冬奥会为契机，加大冰雪旅游产品供给，推动冰雪旅游高质量发展，更好满足人民群众冰雪旅游消费需求，助力构建新发展格局，特制定本行动计划。

一、主要目标

到 2023 年，推动冰雪旅游形成较为合理的空间布局和较为均衡的产业结构，助力 2022 北京冬奥会和实现"带动三亿人参与冰雪运动"目标。冰雪旅游市场健康快速发展，打造一批高品质的冰雪主题旅游度假区，推出一批滑雪旅游度假地，冰雪旅游参与人数大幅增加，消费规模明显扩大，对扩内需贡献不断提升。促进冰雪旅游发展同自然景观和谐相融。

二、重点任务

（一）扩大冰雪旅游优质产品供给

推动冰雪主题旅游度假区和景区建设。深化供给侧结构性改革，支持各地建设一批交通便利、基础设施完善、冰雪景观独特、产品服务优质、冰雪风情浓郁的冰雪主题省级旅游度假区。建设一批冰雪主题 A 级旅游景区，引导以冰雪旅游为主的度假区和 A 级旅游景区探索发展夏季服务业态。鼓励冰雪资源富集、基础设施和公共服务完善、冰雪产品和服务一流的地方打造冰雪主题的国家级和世界级旅游度假区和景区，促进境外旅游消费回流，推动构建新发展格局。

推出国家级、省级滑雪旅游度假地。结合冰雪运动"南展西扩东进"战略实施，以京津冀为带动，东北、华北、西北三区协同，南方多点扩充，加快建设京张体育文化旅游带。突出资源环境和冰雪文化特色，发挥消费潜力和人才技术优势。引导各地加大冰雪旅游设施建设力度，提升产品服务水平，推动建设健身休闲、竞赛表演、运动培训、文化体验一体化的滑雪旅游度假地。

支持冰雪旅游线路和基地建设。鼓励各地结合自身冰雪旅游资源，推出一批兼具民俗风情和冰雪文化特色的冰雪旅游主题精品线路，建设一批融滑雪、登山、徒步、自驾、露营、非遗体验、冰雪文化展示等多种文化和旅游活动为一体的高品质、复合型的冰雪旅游基地。

发挥冰雪赛事带动作用。以 2022 北京冬奥会为契机，大力拓展冰雪竞赛表演市场，依托滑冰、冰球、冰壶和滑雪等观赏性强的冰雪运动品牌赛事，推动冰球职业联赛，引导培育冰雪运动商业表演项目，打造冰雪赛事旅游目的地，以高水平冰雪赛事和群众性冰雪赛事活动带动，扩大冰雪赛事旅游参与人口。

推动乡村冰雪旅游发展。助力全面推进乡村振兴，大力发展乡村冰雪旅游，推动建设雪乡、雪村、雪庄、雪镇，丰富冰雪旅游供给，开展滑雪橇、滑爬犁、看冰灯、打陀螺、雪地摩托、雪地拔河、雪地足球、冰钓等民间民俗冰雪娱乐活动，提升服务水平。鼓励各地开发冰雪主题的乡村民宿产品，生产销售具有冰雪特色的文化和旅游创意产品。

（二）深挖冰雪旅游消费潜力

培育消费理念。鼓励各级各类媒体加强对冰雪旅游、冰雪运动健康知识和赛事活动的宣传，开展宣传、展览等冰雪文化活动，发展"大众"冰雪运动，推动具备条件的旅游景区举办群众性特色冰雪体育活动，满足群众冰雪健身需求，引导人民群众养成参与冰雪运动的习惯。抓住冬奥会、全国冬运会以及各冰雪单项赛事的契机，支持形式多样的冰雪主题文艺创作，推广冰雪文化，培育并扩大冰雪旅游消费人口，树立正确的冰雪旅游消费观。

培育市场主体。鼓励和引导各地结合本地市场需求，推动冰雪设施与文化、商业、娱乐等综合开发，打造冰雪旅游服务综合体。支持各地开发夜间冰雪旅游产品与服务，延长冰雪场馆开放时间，研究补贴奖励政策。积极培育具有较高知名度和影响力的龙头企业，打造具有国际竞争力的知名冰雪旅游企业，鼓励各类中小微冰雪旅游企业、俱乐部向"专精特新"方向发展，强化特色经营、特色产品和特色服务。

优化消费环境。鼓励各地创新举措，促进冰雪旅游消费，落实带薪休假，扩大节假日消费，探索设立各具特色的地方"冰雪日"。支持国家体育消费试点城市、国家文化和旅游消费试点城市、示范城市，推进冰雪旅游消费机制创新、政策创新、模式创新，便利支付手段，支持企业发展完善线上预订、网络支付，发挥示范带动作用，提升冰雪旅游供给体系对国内需求的适配性。

加强品牌建设。面向国际和国内两个市场，培育塑造冰雪旅游品牌。依托"心灵四季·美丽中国"国内旅游宣传推广品牌以及北京冬博会、哈尔滨冰雪节、吉林雪博会、新疆冬博会等，应用新技术手段，加强对冰雪旅游、冰雪文化和冰雪运动的宣传和展示，打造一批知名冰雪旅游品牌，形成浓厚的冰雪旅游文化氛围，引导人民群众积极参与冰雪旅游活动。推进冰雪文化产品创新发展，建设国际知名冰雪旅游博览会，鼓励社会力量举办冰雪旅游活动。

（三）推动冰雪旅游与相关行业融合

促进冰雪旅游与文化融合。深入挖掘各地传统冰雪文化资源，加强冰雪文化相关非物质文化遗产保护和利用，充分发挥非物质文化遗产项目和传承人作用，丰富冰雪旅游文化元素，支持创作生产冰雪主题的文艺演出展览、冰雕雪雕、群众摄影、数字文化等。利用中国传统节庆文化资源，丰富节假日冰雪活动，建立以"全国大众冰雪季"等品牌活动为主线，以冰雪旅游节、冰雪文化节、冰雪嘉年华、欢乐冰雪季、冰雪马拉松等冬季旅游节庆活动为支撑的冰雪文化旅游季。

促进冰雪旅游与教育融合。大力推广青少年冬季冰雪运动，推进冰雪运动进校园，有条件的北方地区中小学应在冬季开展冰雪运动项目学习；鼓励南方地区大中小学积极与冰雪场馆或冰雪运动俱乐部建立合作，开展冰雪运动项目学习。各地可以政府购买服务方式，支持学校与社会机构合作开展冰雪运动。推动冰雪研学旅游和冬令营发展。

促进冰雪旅游与装备制造融合。依托强大国内冰雪旅游消费市场，搭建产需对接平台，支持冰雪装备器材制造企业、科研院所、高校等与滑雪场、度假区等联合开发推广一批安全可靠、先进适用、物美质优的冰雪场地设施、运动装备器材、维修维护装置、应急救援装备，培育一批具有较高知名度和影响力的冰雪装备器材制造企业。

促进冰雪旅游与科技融合。大力发展"互联网＋冰雪旅游"，推动冰雪旅游与大数据、物联网、云计算、5G 等新技术结合，支持电子商务平台建设，优化信息咨询、线路设计、交通集散、赛事订票，创新商业模式，提升管理水平，提高服务质量。

（四）提升冰雪旅游公共服务

完善冰雪旅游公共基础设施建设。鼓励各地加强冰雪旅游交通基础设施建设，完善冰雪旅游公共交通服务，推动滑雪板等体育器材装备的公路、铁路、水运、民航便利化运输。推动国家级、省级冰雪旅游风景道与服务体系建设。支持围绕冰雪旅游目的地打造自驾游营地。

健全安全应急和风险管理体系。指导各地依照有关法律法规，明确各部门安全生产责任，建立健全政府、社会、企业、游客共同参与的风险管理体系，完善冰雪旅游安全应急预案和应急救援体系、高峰期大客流应对处置机制。冰雪旅游市场主体要严格落实疫情防控工作要求，制定常态化疫情防控工作方案，切实履行安全生产责任制，安全运营、诚信经营，加强对游客的安全提示和培训。鼓励保险机构推出全面的冰雪旅游保险服务，围绕场地责任、设施财产、人身意外等开发保险产品，鼓励市场主体和个人购买责任险及运动伤害、旅行救援类保险。引导保险机构加强事前风险管理，提供第三方安全评估、安全检查、安全培训等综合风险管理服务。建立健全志愿服务和救援体系，加强对游客的引导和安全宣传教育，大力普及冰雪运动安全知识，提升个人安全防范和风险规避能力。

（五）夯实冰雪旅游发展基础

加大人才培育力度。鼓励有条件的地区建设冰雪旅游院系，培养冰雪旅游专业人才。鼓励相关行业人才参与冰雪旅游的发展，培养复合型冰雪旅游人才。支持冰雪专业教练员、运动员、社会体育指导员投身冰雪旅游，完善以各级各类体校、体育学院为主，以大中小学校和社会机构为辅的人才培养体系。鼓励有条件的地方试点建设冰雪旅游学校，加强冰雪项目社会体育指导员队伍建设。

加快标准化建设。发挥标准化工作对冰雪旅游市场发展的支撑作用，持续开展冰雪旅游器材装备、冰雪旅游设施设备、冰雪旅游场地建设、管理和服务等各方面标准的制修订工作，以标准引领冰雪旅游产品和服务质量不断提高。

三、保障措施

（一）加强组织实施

各地要加强组织领导，建立由文化和旅游、体育、发展改革、财政、教育、自然资源、银保监等相关部门参与的冰雪旅游协调机制，加强沟通协调，密切协作配合，确保各项措施落到实处。有条件的地方要依据本行动计划，开展冰雪旅游资源调查，结合本地实际抓紧制定本地区冰雪旅游发展规划，因地制宜、优化配置，充分发挥冰雪旅游对地区经济社会发展的带动作用。

（二）落实相关政策

各地区要落实相关政策，推动优化冰雪运动用地政策，按照现行体育场馆房产税和城镇土地使用税优惠政策，冰雪场地的房产、土地符合体育场馆减免税条件的，可以享受房产税、城镇土地使用税优惠。鼓励通过谈判协商参与市场化交易等方式，确定冰雪运动使用电、气价格。

（三）完善投入机制

加强对冰雪旅游发展的资金支持，做好对冰雪旅游重点地区资金保障。支持地方财政资金投入冰雪旅游发展，将符合条件的冰雪旅游项目纳入地方政府债券支持范围。鼓励金融机构按照市场化原则对冰雪旅游企业提供金融支持，引导社会资本加大对冰雪旅游和相关产业投资力度。鼓励社会资本参与冰雪旅游场地设施、商业性冰雪旅游度假区、景区建设和旅游创意产品研发。

（四）加强监督管理

加强对冰雪旅游度假区、景区监督管理，开展冰雪旅游满意度调查。强化冰雪运动场所安全管理和疫情防控，对发生重大安全管理或市场秩序问题的地区和单位，依法依规给予通报、问责处理。强化投诉处理和服务质量监督，查处各类违法违规行为，维护市场秩序和游客合法权益。加强冰雪旅游数据库建设，推动建立冰雪旅游数据工作机制，基本形成及时、全面、准确的冰雪旅游数据定期发布机制。

《四问中国冰雪产业》[*]

北京 2022 年冬奥会、冬残奥会精彩落幕，而我国冰雪产业发展则大幕初启，期待演绎出更加精彩的乐章。

习近平总书记指出，"北京冬奥会、冬残奥会就像是一个弹射器，可以推动我国冰雪运动和冰雪产业飞跃式发展"。以 2015 年北京成功申办冬奥会、冬残奥会为契机，短短几年，我国冰雪产业随着冰雪运动的开展而"出山海关"，"过长江""越秦岭"，南展西扩东进，从起步到发展，经历着一个快速成长期。

"三亿人参与冰雪运动"是一个有时代意义的标志。日前，记者走访冰雪运动场馆经营者，探访冰雪装备制造企业，求教体育经济专家学者和政府官员。我们共同为冰雪产业勃兴而高兴，也在"问道"这个新兴产业如何行稳致远。

冰雪产业为什么能快速发展？

天寒成冰，冬雪铺银，这在很多地方并不陌生。资料显示，我国 960 万平方公里的土地上，稳定季节冰雪面积有 420 万平方公里。尽管如此，冰雪在很长时间却没有成为"产业"。国家体育总局体育经济司副司长彭维勇说，过去东北等地有过一些滑雪、冰雕展览等以娱乐为主的冰雪项目，但人们并未从"产业"角度去看待冰雪。

冰雪产业为什么最近六七年兴起且进入快速增长期？人们自然会想到北

---

* 该文发表于《经济日报》2022 年 3 月 23 日头版，该文作者为经济日报调研组成员：魏永刚、张雪、常理、康琼艳。韩元军作为冰雪旅游专家就调研框架、内容等参与了调研组的讨论，并就有关问题接受了经济日报的采访。该文可以了解中国冰雪经济的全貌，因此作为附录收入该著作中，供读者参考。

京冬奥会和冬残奥会的成功申办与举办。其实，冰雪产业快速发展，有北京冬奥会、冬残奥会的"弹射"作用，也有其经济社会发展的内在逻辑。

某种意义上说，产业形态是经济阶段性特征的表现，经济社会发展的新阶段催生了冰雪产业。北京体育大学教授白宇飞长期关注体育经济。他说，研究表明，一国人均 GDP 突破 8000 美元后通常会迎来消费升级，1 万美元是体育产业爆发的重要关口，同期冰雪产业会实现快速发展。

1976 年和 1978 年，美国人均 GDP 分别突破 8000 美元和 1 万美元，随后竞赛表演、健身休闲等体育产业迅速成长；1978 年和 1981 年，日本人均 GDP 分别突破 8000 美元和 1 万美元，自 20 世纪 80 年代中后期起滑雪运动快速发展。

从经济发展来看，我国 2015 年人均 GDP 约为 8000 美元，也恰好在这一年成功申办北京冬奥会。2019 年我国人均 GDP 突破 1 万美元。这说明我国经济发展水平已经达到一个新阶段，也标志着冰雪产业发展"到时候了"。

"这个时候"出现的标志，大致可以从两个方面来看待。一是人民生活水平提高，对体育消费需求不断增加。京东发布的《2022 春节假期消费观察》显示，2022 年春节，滑雪运动类商品整体成交额同比增长 322%；冰上运动类商品整体成交额增长 430%。体育消费需求增强，是催生冰雪产业的重要原因。二是体育事业总体发展水平提高。2021 年底，国家统计局、国家体育总局发布数据显示，2020 年，全国体育产业总规模（总产出）为 27372 亿元，增加值为 10735 亿。从内部构成看，体育服务业增加值为 7374 亿元，占体育产业增加值的比重为 68.7%。体育用品及相关产品制造增加值为 3144 亿元，占体育产业增加值的比重为 29.3%。

体育事业与经济社会发展相互促进。体育消费需求的增加，推动着体育事业发展水平的提高。冰雪运动丰富了体育需求，满足了人们对美好生活的追求，也成为冰雪产业发展的直接动力。

2016 年 3 月 7 日，习近平总书记参加十二届全国人大四次会议黑龙江代表团审议时提出，绿水青山是金山银山，黑龙江的冰天雪地也是金山银山。

2018 年 9 月份，在沈阳主持召开深入推进东北振兴座谈会时，习近平总书记强调，要贯彻"绿水青山就是金山银山、冰天雪地也是金山银山"的理念，要充分利用东北地区的独特资源和优势，推进寒地冰雪经济加快发展。

在"冰天雪地也是金山银山"发展理念带动下，人们对冰雪的认识发生了转折性变化。这几年，国家陆续出台多项与体育消费和冰雪产业发展相关的文件。

2016 年 11 月份，国家体育总局等 4 部门联合印发《冰雪运动发展规划（2016—2025 年)》，其中"冰雪运动产业体系初步形成"是规划目标之一。2019 年 9 月份，国务院办公厅《关于促进全民健身和体育消费推动体育产业高质量发展的意见》提出加快发展冰雪产业的要求。同年，工信部等 9 部门联合印发《冰雪装备器材产业发展行动计划（2019—2022 年)》。

在冰雪运动"南展西扩东进"战略指引下，把"冷资源"做成"热经济"成为很多地方的自觉选择。北京体育大学教授邹新娴介绍，先后有 26 个省份出台促进冰雪运动和冰雪产业方面专项政策。

"冰雪'热'不是今年突然开始的。2015 年北京成功申办冬奥会、冬残奥会以后，市场经历了一个逐渐升温过程。"北京陶然亭公园冰雪嘉年华经营者金钊的感受，从一个侧面反映了冰雪运动带动产业发展的过程。

金钊经营的嘉年华，2009 ~ 2010 年雪季游客只有 4 万多人次；疫情发生前的 2018 ~ 2019 年雪季，则达到了 15 万人次。

从筹办到举办北京冬奥会、冬残奥会，冰雪运动发展改变了冰雪产业的状况。这直观地表现在两个方面：

——冰雪运动场地增多。截至 2021 年 1 月，我国有 803 个室内外各类滑雪场，较 2015 年增幅达 41%；有 654 块标准冰场，覆盖 30 个省份，较 2015 年增幅达 317%；

——冰雪运动人数增加。全国居民冰雪运动参与人数达 3.46 亿，参与率达 24.56%，12 个省份的参与率超 30%。

冰雪市场主体不断涌现，成为直接推动冰雪产业发展的力量。以"滑雪""雪地""造雪""冰雪"为关键词搜索我国冰雪相关企业，至2022年1月有2.15万家，其中，2021年新增注册量为3933家，达10年之最。据统计，目前冰雪领域的社会投资额占比约为86%。同时，2018年到2020年3年间，冰雪旅游重资产投资规模近9000亿元。

探寻冰雪产业的发展逻辑，我们可以清晰地看到，经济社会发展催生了冰雪产业，而发展冰雪产业又满足了人民对美好生活的追求。发展以冰雪运动为基础的冰雪产业，有利于满足群众多样化体育文化需求、推动全民健身和全民健康深度融合，对于建设健康中国和体育强国、促进经济社会发展、实现中华民族伟大复兴的中国梦具有重要意义。

冰雪产业包括哪些内容？

我国冰雪资源分布不均衡，南北差异大，冰雪产业发展时间短，基础条件差。但短短六七年时间，冰雪产业"开枝散叶"，呈现出一番欣欣向荣的气象。

"冰雪产业"已经成为一个热词。但是，冰雪产业究竟包括哪些内容？认识产业全貌，就必须细究这个问题。

较早提出"冰雪产业"的政策性文件是2016年11月国家发展改革委等4部门联合印发的《冰雪运动发展规划（2016—2025年）》。这个文件提出"冰雪运动产业体系初步形成"的规划目标，具体指出加快推动冰雪健身休闲业、积极培育冰雪竞赛表演业、创新发展冰雪装备制造业3个方面。这些年，我国冰雪产业就是沿着这个轨迹快速发展的。

冰雪健身休闲业包含在各地发展热情很高的冰雪旅游中。中国旅游研究院在大量调查基础上，形成了《中国冰雪旅游发展报告（2022）》。报告显示，冰雪休闲旅游人数从2016～2017年冰雪季的1.7亿人次增加到2020～2021年冰雪季的2.54亿人次，预计2021～2022年冰雪季我国冰雪休闲旅游人数将达到3.05亿人次。

该报告显示，被调查者中有90.1%的民众曾以不同形式体验过冰雪旅游，每年有63.3%的人体验过一两次冰雪旅游，有24.8%的人体验过三四次。参与报告撰写的中国旅游研究院战略研究所博士韩元军认为，这表明我国正在从冰雪旅游体验阶段进入冰雪旅游刚性需求阶段。

如今，冰雪旅游在全国呈现出"三足鼎立、两带崛起、全面开花"的格局。"三足"就是东北、京津冀和新疆3个区域；"两带"指以西藏、青海为代表的青藏高原冰雪观光旅游带和以川黔鄂为代表的中西部冰雪休闲旅游带；"全面开花"是指各省份都形成了冰雪旅游亮点、增长点和主打产品，南方和北方都不同程度通过艺术、运动、旅游等相结合手段实现了冰雪休闲旅游产品供给。即使在广东，也已经有室内冰场14家，场馆总面积超过2万平方米；室内雪场2家，场馆总面积达到10万平方米。

冰雪装备制造业是冰雪运动发展的基础保障。我国2019年专门出台了《冰雪装备器材产业发展行动计划（2019—2022年）》文件，提出到2022年冰雪装备器材产业年销售收入超过200亿元，年均增速在20%以上。

政策推动冰雪装备制造业加速发展。黑龙国际冰雪装备有限公司是1951年成立的老企业，前身是齐齐哈尔冰刀厂，曾被国家指定为冰刀、冰鞋配套生产的唯一定点厂家。冰雪产业发展政策让这家老企业焕发了青春活力。

记者在黑龙公司生产车间看到，一条由7台德国库卡机器人组成的智能化冰刀生产线格外显眼。公司副总经理胡君介绍，这条生产线可以对27种不同规格参数的冰刀零部件、21种组合进行智能装配焊接，年产冰鞋300万套。现在，黑龙公司生产冰刀、滑雪板、冰雪器材等3个系列产品，年销售额2019年就达到3500万元，这两年受疫情影响有所下降，但今年预计也将达到2500万元。

工业产业园成为冰雪装备制造业的重要基地。《冰雪运动发展规划（2016—2025年）》提出，建立一批产业规模较大、集聚效应明显的国家冰雪产业示范基地；建设一批具有较高知名度的国家冰雪产业示范企业；培育一批特色鲜明、市场竞争力较强的国家冰雪产业示范项目。目前，北京、河北、黑龙江、吉林、辽宁、河南、陕西7省份已出台支持冰雪装备制造产业发展的政策文件，在建和规划的冰雪产业园区达20多个。

我国冰雪装备制造业起步较晚，但产业园区发展却立足于世界前沿。一些冰雪产业园区正在建设以冰雪装备研发、设计、制造、检测、流通、仓储于一体的冰雪装备产业基地。承办北京冬奥会和冬残奥会的河北张家口赛区，冰雪装备产业园区面向法国、瑞典、意大利等多个欧美冰雪强国开展合作交流，吸引和集聚国内外冰雪装备企业落户。截至目前，全市签约冰雪装备研发制造项目 54 项，其中有法国、美国、意大利等国家和地区的 25 个项目投产运营。这里还组建了河北省首个冰天雪地科技企业孵化器，成立了河北省冰雪产业技术研究院，举办了河北张家口冰雪产业博览会，着力打造冰雪产业"产学研用一体化"基地。

冰雪赛事也越来越热。其热度可以用两个"高"来概括。在北京冬奥会和冬残奥会上，我国运动员不仅实现了全项目参赛，而且金牌数、奖牌数都创历史新高。比竞技赛事成绩更重要的是大众参与度提高。从 2014 年开始，"全国大众冰雪季"成为示范性群众冰雪品牌活动。连续举行八届，每年一个主题，推动群众性冰雪运动不断深化。在第七届全国大众冰雪季期间，全国举办群众性赛事活动 1200 场，参与规模超过 1 亿人次。

从 2016 年开始，全国各地举办的冰雪活动数量明显增多，渐成体系。大众娱乐冰雪赛事活动内容越来越丰富，参与人群也逐年增加。仅新疆维吾尔自治区每年就有 12 个冰雪旅游节庆和 400 多项冰雪主题活动。即使在广东省，截至 2021 年 11 月底，冰雪运动协会举办群众冰雪运动比赛及活动也有 27 项次，参与群众及各项运动爱好者达 200 多万人次。

冰雪产业为什么"亮眼"？

冰雪产业这几年格外"亮眼"。

彭维勇用一组数据介绍冰雪产业的"亮度"：2013 ~ 2019 年，全国冰雪产业规模从 1177 亿元增长到 5200 亿元，年均增速达 28.1%。而 2015 ~ 2019 年，全国体育产业总规模年均增长 14.58%。冰雪产业增速远远高于体育产业整体增速。

冰雪产业是怎么"亮"起来的？有哪些特点？或许可以用"长、宽、高"来概括。这是冰雪产业带动经济发展、满足人们幸福感获得感的关键所在。

冰雪产业有多"长"？要用产业链条来度量。从造雪、压雪等机械制造，到体育器材、服装，乃至于健身、休闲、人才技术培训等，冰雪产业本身是一个很长的产业链。即使单从冰雪制造业看，也可以上下延展，上游有造雪技术、压雪车制造等机械制造技术，向下可以延伸至冰雪服装甚至印花、装饰等行业。每个链条都能延长，而且整个产业链在城乡地域之间连结，带动了乡村振兴。北京冬奥会、冬残奥会筹办直接促进了张家口地区的脱贫，这已为大家所熟知。这样的故事还在很多其他冰雪资源丰富但相对偏远的地区演绎着。新疆阿勒泰地区哈巴河县雅居床服有限责任公司搭上冰雪产业链快车，研发生产滑雪服装，2020 年销售额突破 2000 万元。

冰雪产业有多"宽"？可以从产业横向融合来衡量。我国多项政策提倡冰雪产业与相关产业深度融合，增强产业创新力，提供多样化产品和服务。冰雪产业呈现融合发展趋势，不断拓宽产业边际。

从产业形态看，冰雪产业带动了第二三产业融合。中国旅游研究院研究数据显示，雪场票价收入每增加 1 元，可带动交通、住宿、餐饮等相关行业增收超过 4 元。北京渔阳滑雪场总经理李新华说："今年春节假期，不光雪场人流明显增长，周围的酒店、民宿也是一房难求。来滑夜场的人多，带动了雪场附近的餐馆生意。"

冰雪产业在拉动就业方面显示出独特优势。黑龙江省尚志市亚布力阳光度假村副总经理郑敏告诉记者，景区员工有 2000 余人。亚布力滑雪场已成为推动当地就业的一大主力，村民大量从事雪具租赁、特色餐饮、乡村民宿、东北民俗表演等多种职业。这两年，新疆伊犁州冰雪旅游促进了当地民宿发展。他们打造旅游民宿 2095 家，改善了当地就业结构，拓宽了农民增收渠道。内蒙古乌兰察布市凉城县，2018 年滑雪场运营以来带动就业人员1284 人。

冰雪产业有多"高"？要看科技创新。冰雪运动本身对技术有一定要求。

冰雪产业发展攀上新高度，靠的是技术创新的不断突破。可在零下 40℃打碎板结雪层、攀爬 45°雪坡的大马力 SG400 压雪车在崇礼多家雪场投运，填补了我国压雪车领域的空白；由砸不烂、冻不坏的耐低温抗冲击复合材料制成的国产雪蜡车已辗转新疆、河北、北京多省份，为多项赛事提供保障任务；绿色环保的高效储雪技术助力北京冬奥会实现了"用雪自由"……

冰雪装备的每一点进步，都有着技术创新的坚实支撑。安踏公司自主设计的短道速滑比赛服，实现了世界最轻、最透气。这款服装采用最新防切割技术，强度是钢丝的 15 倍，重量比尼龙和涤纶轻 30%。冬奥赛场上的钢架雪车，要求 2 名运动员站在两侧推车前进。为了运动员的鞋，安踏采用行业独创的导流板和翼型降阻设计，鞋钉用了 3D 打印钛合金技术，增加作用力；鞋底是异形曲面碳板科技，材料回弹力提升 2%。这些创新技术能让运动员成绩最高提升 0.054 秒，平均提高 0.023 秒。2020 年，黑龙公司首次研制出 T 型速度滑冰高端冰刀。这款冰刀采用粉末合金刀刃、钛合金刀管，在增加冰刀结构稳定性的同时，降低刀身自重 10%，为提高运动员竞技水平注入新动力。黑龙公司总经理鞠培鸿说，做好冰雪文章，重要的就是提高产品科技含金量。

彭维勇说，冰雪装备制造业补上了冰雪产业发展的短板，也为体育用品制造业的转型升级树立了样板。首都体育学院原校长钟秉枢认为，北京冬奥会为我国体育产业走向国际化、打造国际品牌奠定了基础。

如何破除"成长的烦恼"？

我国冰雪产业正处于"成长阶段"，这是专家们作出的判断。

三亿人参与冰雪运动，是冰雪产业"成长"的深厚沃土。2022 年 1 月初发布的《"带动三亿人参与冰雪运动"统计调查报告》显示，18 岁及以上居民的冰雪运动参与率为 26.95%，其中 18～30 岁居民冰雪运动参与率最高，为 37.27%，参与人数为 0.82 亿人，青少年成为参与冰雪运动的主力军。一直从事冰雪运动的金钊乐观地说，当越来越多年轻一代把冰雪消费当成习惯，冰雪运动、冰雪产业必将迎来更广阔的市场。

"十四五"规划和2035年远景目标纲要明确提出，要持续推进冰雪运动发展；2021年10月发布的《"十四五"体育发展规划》，也擘画出冰雪运动和冰雪产业发展的新蓝图。未来几年，冰雪产业发展还将持续沐浴政策扶持的春风。

既然是"成长"，冰雪产业就难免有"烦恼"。

冰雪旅游格局已经清晰，但是区域发展不平衡；冰雪装备产业取得多项创新突破，但缺乏叫得响的品牌；冰雪产业带动就业新需求，但人才短缺仍是短板；冰雪文化已经破题，但还需要持续发力；智慧冰雪已经提上日程，但推进仍不充分……这些都是冰雪产业"成长的烦恼"。

"后冬奥时期"，冰雪产业要稳步向前，该如何破除"成长的烦恼"，更好开创新局？

"关键是'因地制宜'4个字。"彭维勇认为，保持冰雪热度不意味着冰雪产业无节制地扩张，要防止"一哄而上"。尽管冰雪运动已经形成"南展西扩东进"的格局，但冰雪产业发展仍然需要加强战略规划和顶层设计。要进一步完善冰雪产业区域发展体系，引导各地因地制宜发展健身休闲、竞赛表演、技能培训、装备制造、冰雪旅游等业态。他认为，"深入践行'冰天雪地也是金山银山'发展理念，必须充分考虑各地地貌、生态环境等自然资源禀赋，因地制宜建设冰雪场地设施。"

在尊重自然、顺应自然、保护自然的前提下发展冰雪产业，是各地探索的实践。冰雪资源富集的黑龙江省与中科院联合开展全省冰雪旅游资源普查。黑龙江省文旅厅资源开发处李庆江告诉记者，资源普查就是为了摸清家底。家底清了，才能实现冰雪产业高质量、差异化发展，才能做到因地制宜，避免无序开发和同质化竞争。吉林省则提出，冰雪发展的核心是发展冰雪与保护冰雪生态要相得益彰。

冰雪资源与需求不匹配，也是"成长的烦恼"。我国冰雪资源丰富，但存在北多南少的不均衡性。北方冰雪资源好但消费能力有限，南方冰雪资源有限但消费需求强劲。韩元军认为，北方一些地方发展冰雪产业要着眼于

"外面的世界"，努力吸引更多外面的人来享受冰雪之乐。彭维勇也认为，"发展冰雪产业，当地人不应是'看客'，而要做有专业素养的服务人员，真正实现资源转化，把冰雪资源转化为经济发展动力"。

冰雪产业带动了就业，但人才欠缺仍然是制约产业高质量发展的重要因素。"冰雪运动对从业者的专业素养要求较高。从冰雪设备的使用维护到冰雪旅游产品的设计开发，从冰雪赛事的组织运营到冰雪场馆的高效运转，都需要专业人才作为支撑。"郑敏说。

黑龙江省建起冰雪体育职业学院，成立冰雪产业研究院；河北张家口市着力打造冰雪运动培训体系，创建59家冰雪运动培训基地，在当地10多所大中专院校开设冰雪运动和冰雪产业相关专业20余个。尽管如此，冰雪产业发展仍迫切需要补齐人才这个短板。冰雪运动员、教练员、指导员/辅导员大量缺乏；大多数滑雪场经营管理人员是投资者，经营管理人员稀少；冰雕雪雕创意人才和冰上娱乐项目创意人才难求……说到人才，无论是冰雪产业研究者，还是产业经营者都列举出许多。专家建议，一方面要加快引进高端专业人才，另一方面要支持有条件的高校开设相关专业，加快人才培养步伐。

冰雪旅游"三足鼎立、两带崛起、全面开花"的格局已经形成。但是还需要下"绣花功夫"。寒地交通网建设为冰雪旅游注入新动力，区域中心城市间高铁交通便捷，形成了"城际旅游圈"。然而，冰雪运动和冰雪旅游配套交通服务跟不上，有些城市城镇直达滑雪场的公共交通运输体系没有建立起来，住宿酒店与滑雪场交通不便；滑雪配套服务要素不全，一些滑雪场除建有雪具大厅外，酒店、餐饮、娱乐、购物等服务缺失，只能提供简易快餐服务；还有的滑雪场地，公厕仍然是基础设施建设重点。这些都说明，绘制"南展西扩东进"的冰雪产业图景，冬奥之后还需要一番工笔细描。

冰雪文化是冰雪产业核心竞争力的重要内容。各地这几年都有了发展冰雪文化的自觉。黑龙江省齐齐哈尔拍摄了冰球题材院线电影《飞吧冰球》，七台河市创作了反映滑冰教练事迹的电影《破冰》《上冰》；吉林省提出将冰雪文化地标化，将冰雪故事国际化，谋划建设国家冰雪博物馆。但是，冰雪文化建设还没有出现影响力大的作品，冰雪产业如何借助文化提升竞争力，任重道远。

"中国实现了超过三亿人从事冰雪运动目标，这是前所未见的伟大成就，将成为本届冬奥会向中国人民和国际奥林匹克运动作出的重大贡献，也将从此开启全球冰雪运动的新时代。"亲眼看到北京冬奥会准备工作之后，国际奥委会主席巴赫感慨地说。

"三亿人参与冰雪运动"，这不仅是新增的运动人口数量，更成为标注一个时代的维度。北京冬奥会和冬残奥会开启了一个全球冰雪运动的新时代，我们也将迎来中国冰雪产业的新时代。

（经济日报调研组成员：魏永刚　张雪　常理　康琼艳）

参考文献

［1］中共中央宣传部．习近平新时代中国特色社会主义思想学习纲要［M］．北京：学习出版社，人民出版社，2019．

［2］中共中央宣传部，国家发展和改革委员会．习近平经济思想学习纲要［M］．北京：人民出版社，学习出版社，2022．

［3］中国旅游研究院．中国冰雪旅游发展报告（2017）［R］．2017．

［4］中国旅游研究院．中国冰雪旅游发展报告（2018）［R］．2018．

［5］中国旅游研究院．中国冰雪旅游发展报告（2020）［R］．2020．

［6］中国旅游研究院．中国冰雪旅游发展报告（2021）［R］．2021．

［7］中国旅游研究院．中国冰雪旅游发展报告（2022）［R］．2022．

［8］中国旅游研究院．中国冰雪旅游发展报告（2023）［R］．2022．

［9］Gratton, C., Preuss, H. Maximizing Olympic impacts by building up legacies［J］. The International Journal of the History of Sport, 2008, 25：1922 – 1938.

［10］Essex, S., Chalkley, B. Olympic Games：Catalyst of urban change［J］. Leisure Studies, 1998, 17：187 – 206.

［11］Preuss, H. The conceptualization and measurement of mega sport event legacies［J］. Journal of Sport Tourism, 2007, 12：207 – 227.

［12］Getz, D. Event tourism：Definition, evolution, and research［J］. Tourism Management, 2008, 29（3），403 – 428.

［13］Konu H, Laukkanen T, Komppula R. Using ski destination choice criteria to segment Finnish ski resort customers [J]. Tourism Management, 2011, 32 (5): 1096 - 1105.

[14] Hiller, H. H. Post - event outcomes and the post - modern turn: The Olympics and urban transformations. European Sport Management Quarterly, 2006, 6 (4): 317 - 332.

[15] Mangan, J. A. Prologue: Guarantees of global goodwill: Post Olympic-legacies—Too many limping white elephants [J]. The International Journal of the History of Sport, 2008, 25: 1869 - 1883.

[16] Piervincenzo Bondonio, Chito Guala. The 2006 Olympic Winter Games and the tourism revival of an ancient city [J]. Journal of Sport Tourism, 2011, 16 (4): 303 - 321.

[17] S. Baloglu, K. McCleary. A model of destination image formation. [J]. Annals of Tourism Research, 1999, 26 (4): 221 - 229.

[18] JRB Ritchie, BH Smith. The Impact of a Mega - Event on Host Region Awareness: A longitudinal Study [J]. Journal of Travel Research, 1991 (1): 3 - 10.

[19] Ritchie J R B, Aitken C E. Olympulse II: Evolving resident attitudes towards the 1988 Olympic Winter Games [J]. Journal of Travel Research, 1985, 23: 28 - 33.

[20] Cope, Michael R. , Flaherty, Jeremy, Young, Kirk D. , Brown, Ralph B. Olympic Boomtown: The Social Impacts of a One - Time Mega - Event in Utah's Heber Valley [J]. Sociological Spectrum, 2015, 35 (2): 136 - 160.

[21] Ritchie, J. R. & Lyons, Marcia. Olympulse: A post - Event Assessment of Resident Reaction to the Olympic Games [J]. Journal of Travel Research, 1990: 14 - 23.

[22] VCE Langer, W Maennig, Felix J. Richter. The Olympic Games as a news shock: macroeconomic implications [J]. Journal of Sports Economics 2018,

19 (6): 884 – 906.

[23] Choong – Ki Lee, James W. Mjelde, Younghyuu J. Kwon. Estimating the economic impact of a mega – event on host and neighbouring regions [J]. Leisure Studies, 2017, 36 (1): 138 – 152.

[24] Molnar, Adam. The geo – historical legacies of urban security governance and the Vancouver 2010 Olympics [J]. The Geographical Journal, 2015, 181 (3): 235 – 241.

[25] PK Porter, D Fletcher. The economic impact of the Olympic Games: ex ante predictions and exposte reality [J]. Journal of Sport Management, 2008, 22 (4): 470 – 486.